目录

在线视频访问说明

本书提供训练动作的教学视频，您可通过微信"扫一扫"，扫描书中的二维码进行观看。

步骤1　打开微信"扫一扫"（图1）。

步骤2　扫描动作练习页面上的二维码。

步骤3　如果您尚未关注微信公众号"人邮体育"，扫描后会出现"人邮体育"的二维码。请根据说明关注"人邮体育"，并在关注后点击"资源详情"（图2），即可进入动作视频观看页面（图3）。如果您已关注微信公众号"人邮体育"，扫描后可直接进入动作视频观看页面。

图1　　　　　　　　　图2　　　　　　　　　图3

专项体育运动身体训练指导丛书

游泳运动身体训练指南

浙江游泳队训科医保障组成员

周超彦 韩照岐 陈慧佳 编著

人民邮电出版社

北京

图书在版编目（CIP）数据

游泳运动身体训练指南 / 周超彦，韩照岐，陈慧佳
编著. -- 北京：人民邮电出版社，2020.5
（专项体育运动身体训练指导丛书）
ISBN 978-7-115-52632-8

Ⅰ．①游… Ⅱ．①周… ②韩… ③陈… Ⅲ．①游泳－
运动训练－指南 Ⅳ．①G861.102-62

中国版本图书馆CIP数据核字(2019)第259400号

免责声明

本书内容旨在为大众提供有用的信息。所有材料（包括文本、图形和图像）仅供参考，不能替代医疗诊断、建议、治疗或来自专业人士的意见。所有读者在需要医疗或其他专业协助时，均应向专业的医疗保健机构或医生进行咨询。作者和出版商都已尽可能确保本书技术上的准确性以及合理性，并特别声明，不会承担由于使用本出版物中的材料而遭受的任何损伤所直接或间接产生的与个人或团体相关的一切责任、损失或风险。

内 容 提 要

优秀的身体素质是技术水平得以良好发挥的必要支撑。本书针对游泳运动，提供了适合手臂、肩部、胸部、腹部、背部、腿部以及全身训练的练习动作，同时以图解的方式分步骤讲解动作要点，并配有关键步骤的动作解剖图，以更直观的方式呈现训练目标，帮助练习者有针对性地进行肌肉训练，有效提升运动水平。此外，本书为每个训练动作标注了注意事项、目标锻炼肌群，以及与游泳技术相结合的要点注释，适合想不断提高游泳技术的游泳爱好者、专业运动员以及致力于提升执教水平的教练员阅读。

◆ 编　　著　周超彦　韩照岐　陈慧佳
　　责任编辑　林振英
　　责任印制　周昇亮
◆ 人民邮电出版社出版发行　　北京市丰台区成寿寺路 11 号
　　邮编　100164　　电子邮件　315@ptpress.com.cn
　　网址　http://www.ptpress.com.cn
　　固安县铭成印刷有限公司印刷
◆ 开本：700×1000　1/16
　　印张：10　　　　　　　　　　2020 年 5 月第 1 版
　　字数：168 千字　　　　　　　2025 年 8 月河北第 12 次印刷

定价：59.80 元

读者服务热线：(010)81055296　印装质量热线：(010)81055316
反盗版热线：(010)81055315

第 1 章

训练简述

现代体育运动的训练方式多种多样，不仅包含技战术训练，还包括身体素质和心理素质的训练，其中身体素质是一切训练的基础。

身体素质训练可分为一般身体训练和专项身体训练。一般身体训练是指全面提高身体素质的训练，如提升心肺功能、强化各循环系统以及增强基础力量等。一般身体训练可以帮助运动员构建强健的身体基础。专项身体训练是指针对某一项体育运动的特点和需要而进行的身体训练，其可能会强调对力量、速度、耐力、灵敏性或柔韧性等身体素质中的一项、两项或几项进行针对性训练。

每项体育运动都具有自身特色，因此专项身体训练需要根据不同运动的特点来进行。游泳运动是在水中进行的运动，追求速度，要求有良好的稳定性和优秀的力量基础，且力量的运用也不能死板，需要运动员在力量、灵活性、协调性和核心稳定性等方面都表现突出。因此，进行游泳运动专项身体训练时，要侧重于对这些身体素质的训练，尤其是核心力量的训练。

1.1 游泳运动身体训练

游泳运动特点

游泳运动是以水为平台进行的运动，与大部分以陆地为平台的运动有很大区别。不同的运动平台所构建的身体感知反应系统不同，具体的运动表现方式也就有所差异。游泳运动有其独有的特征。

一方面，大部分运动以陆地为平台，直接以地面为支撑，依靠力的传递和反作用来完成各项动作；而游泳在水里进行，身体没有稳固的支撑点，仅靠力气大并不能完成所需要的动作，而是要依托水的浮力和手脚的划动，依靠全身的协调性和稳定性，使身体呈流线型前行。这对身体核心及四肢的力量提出了很高的要求，因此，若想要在游泳运动中获得较好的运动表现，核心和四肢的力量都很重要。

另一方面，与在陆上运动相比，在水里活动的身体除了受到地球引力影响外，还会受到浮力的影响，而水的浮力会给运动带来影响，身体感受和运动感受与在陆地上便截然不同，因此，身体需要重建感知反应系统，以适应水中运动，并保持强大的稳定性、灵活性和柔韧性，才能做到快速前进。而水的阻力也会使运动的耗能加倍，因此，这也是游泳者需要考虑的方面。

游泳运动所需要的身体素质及主要训练方法

如前所述，游泳运动综合了力量、耐力、速度、协调性、稳定性以及柔韧性等多项身体素质，在具体的运动表现上，不同体育运动对身体的不同部位的发力或耐力等也有特殊的要求，因此，在身体素质提升训练时，要结合不同的部位和专项体育运动的需求，有侧重地进行训练。

◆ 四肢力量训练

游泳运动需要强健的四肢力量。手臂的抱水和划水是游泳的基本动作，要求手臂有持久的力量和耐力；水中加速时要依靠手臂、双腿用力提升速度；踢腿、转身动作则依靠有力的下肢来完成。因此，四肢有力是游泳运动的基本要求。

对四肢进行力量训练，可以以抗阻训练为主。抗阻训练不仅能提升肌肉的力量，还能提升肌肉爆发力。肌肉在对抗阻力的过程中，经过轻微撕裂、修复和再生，促使肌肉维度增大，肌纤维增多，这样肌肉在运动时就能募集到更多的运动单位，从而做出更大的功。抗阻训练的方式，一般有哑铃、杠铃等负重训练，以及以自身体重作为阻力进行的自重训练等。

◆ 核心力量训练

游泳运动中，核心区域（即人体的中间环节，就是肩关节以下、髋关节以上包括骨盆在内的区域）担负着维持身体稳定和发力的作用。在自由泳和仰泳中，身体处于流线型的水平姿势，需要核心来维持身体稳定；在蛙泳和蝶泳中，核心呈起伏状，带动身体前进，是身体的发力区

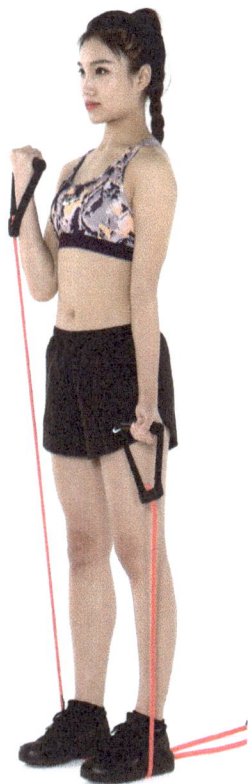

域。因此，只有核心力量强大，才能有效保持稳定性，并保持高效的发力状态。

核心训练有两种基本方式，一种是静力平衡训练，另一种是动态腰腹训练。静力平衡训练以静力平衡动作为主，例如平板支撑、靠墙半蹲、臀桥等静力支撑动作。静力平衡训练能调动身体浅层和深层肌肉一起参与，以维持身体平衡，并提升核心肌肉力量。动态腰腹训练则是主要针对腰腹部的动态动作练习，例如卷腹、仰卧起坐等。这些训练能增强核心肌群的力量和爆发力。

◆ 身体柔韧性和灵活性训练

柔韧性是指各关节活动幅度的大小，以及肌肉、韧带、皮肤等组织的弹性。灵活性主要是指身体的反应能力和动作的快慢。柔韧性可以增大关节活动范围，灵活性可以增加运动频率。在游泳中，很多动作的完成都需要良好的关节灵活性和身体柔韧性作为支撑。例如在水中前进时，手臂要不断地上抬和下压，这要求上肢、肩部、肩关节参与，做到灵活上抬和下压。

柔韧性的训练方式以各种拉伸动作为主，弹力带训练、瑞士球训练都是不错的方法；灵活性训练包括各种屈伸动作，有针对关节的各种拉伸、绕环动作，或者各种方向的跳动动作等。柔韧性训练和灵活性训练常常是结合在一起的。

◆ 全身训练

全身训练可以提升游泳运动的多项身体素质。全身训练综合了身体多个部位的锻炼，全身各处的肌肉、关节和器官等协同工作，可以整体提升人体协调性。游泳运动属于协调性极强的运动，它和陆地运动不同，需要上下肢一起配合运动，才能有力推动身体前进。

另外，全身训练也是提升游泳速度的必要条件。仅靠加快动作的频率和幅度并不能做到水中加速，还要依赖上肢、身体核心、下肢形成完美协调的运动链才可以达到加速的目的。

全身训练是综合了多种身体素质的练习，因此，在训练方式上多采用全身多处肌肉和关节共同参与的活动，比如波比跳和跳箱子等。

总体来说，游泳运动是一项综合性较强的运动，需要进行多方面的身体素质训练，以形成身体各部位有效配合，从而提高游泳成绩。

1.2 需要准备的常用器材

哑铃

哑铃是广受健身者欢迎的一种健身器材。哑铃的重量为 2.5 到 60 千克，也有更重的，主要用于增强肌肉的训练。哑铃一般可分为固定重量哑铃和可调节重量哑铃两类。固定重量哑铃通常由金属材料制成，其配重无法增加或减少，是健身房里最为常见的一种哑铃。可调节重量哑铃类似于小型杠铃，两端可通过增加或减少铁片来改变重量。哑铃从轻到重可分为多个等级。训练者可以根据自身特点和需求来选择合适的哑铃。

弹力带

弹力带是一种由乳胶制成的小型健身训练器械，根据其外形可分为扁平的带状和管状两种。在健身中，它的弹力可以有效改善身体的灵活性，增加肌肉力量，提升身体柔韧性。在专业运动训练中，运动员可以结合自身锻炼需要，用弹力带辅助训练，这有助于从整体上改善运动员的身体素质。

制造商对于弹力带的阻力设置并没有统一的制作标准，一般来说，可以从弹力带的颜色来比较它的阻力。颜色越浅，阻力越小；颜色越深，阻力越大。在选择时，练习者应基于理论阻力考量，要多试拉几次弹力带，根据自身的感受选择最合适的弹力带。

迷你带

迷你带又叫环形弹力带，是一种易于携带、简单方便，且十分有效的小型体能训练工具，最初被用于医疗康复领域，用来帮助一些慢性病患者，针对他们力量薄弱的肌肉进行抗阻练习。因为迷你带可以由练习者自己控制，锻炼方式也比较安全，所以常用来做康复性训练。而随着运动技术的发展，这一安全的康复器材也逐渐被应用在健身和专项体能训练领域。

BOSU 球

BOSU（Both Side Up 意为"两边向上"，指 BOSU 球有两种放置方式）球，又称为波速球，它看上去就像半个球体，事实上，它是由一个硬质圆形平台和附着其上的充气橡胶半球构成的。BOSU 球常被用于平衡性训练。当非稳定面（半圆的那一面）朝上时，BOSU 球可提供一个不稳定的表面，而其自身保持稳定；当非稳定面朝下时，BOSU 球可提供一个稳定的表面，但其自身不平衡，无法保持稳定。这种稳定与不稳定结合的形式，使其可以被广泛应用于各种运动人群，同时也使其可以被应用于多种训练目的的练习。

瑞士球

瑞士球也叫健身球，因最早起源和发明于瑞士而得名。瑞士球最早是作为玩具被发明出来的，后来才因其特殊的训练功能被物理治疗师运用于康复医疗领域。作为一种康复医疗设备，瑞士球可以用来帮助那些运动神经受损的人恢复平衡和运动能力。随着它在恢复腰、背、颈、髋关节、膝关节等功能方面发挥作用，逐渐被延伸推广为一种流行的运动训练器械。

选择瑞士球通常是基于练习者的身高。当练习者坐在一个球上时，其臀部应该略高于膝部，且双脚应该平放在地板上。

药球

药球是一种球形的投掷器械，直径为 20 到 50 厘米，重量为 4 到 20 磅（约 1.8 到 9.1 千克）。药球和很多健身器械一样，最初产生于医疗康复领域，病人通过来回投掷药球，强化肌肉力量，提升肢体的灵活性，促进身体机能的恢复。由于训练效果较好，药球后来被广泛应用于健身和专项体能训练领域，帮助练习者加强核心区域的力量，同时也可用于速度和爆发力训练。另外，因为药球训练属于多平面的、灵活的运动，所以对关节周围的肌肉有很好的训练作用，可以使关节更稳定。专业运动员还可以利用药球模拟专项技术进行训练。

第 2 章

手臂训练

弹力带 – 站姿 – 单臂屈臂伸

1. 基本站姿，一只手握弹力带的一端，屈曲肘关节呈90度，放在身前。弹力带的另一端固定在身前高处的位置。用另一只手托住握弹力带的手的手肘。
2. 单臂抗阻伸肘，至肘关节伸直。
3. 恢复至起始姿势，重复规定的次数。对侧亦然。

三角肌后束

肱三头肌

● 背面

下拉时呼气，恢复至起始姿势时吸气。

整个过程中，保持身体直立。

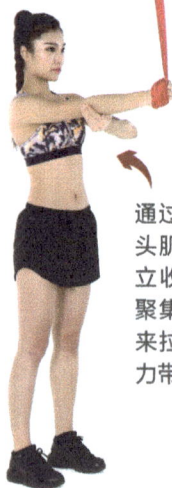

通过肱三头肌的独立收缩，聚集力量来拉动弹力带。

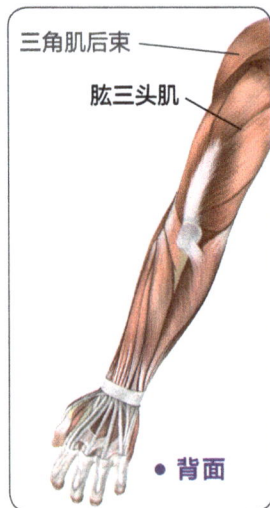

视角 转换

注：肌肉解剖图中，用黑色字体表示的为目标肌肉；用灰色字体表示的为其他工作肌肉；加"*"标注的表示深层肌肉。

聚焦游泳

多数游泳运动员会有圆肩的体态，这很容易导致他们在每次练习开始时就身体前倾，而上半身过多参与会影响肱三头肌的训练效果，因此，游泳运动员在开始时，要调整好身体姿势。

避免

1. 向下拉弹力带时，腕部屈曲。
2. 凭借一股冲力完成动作。

目标锻炼肌群

肱三头肌

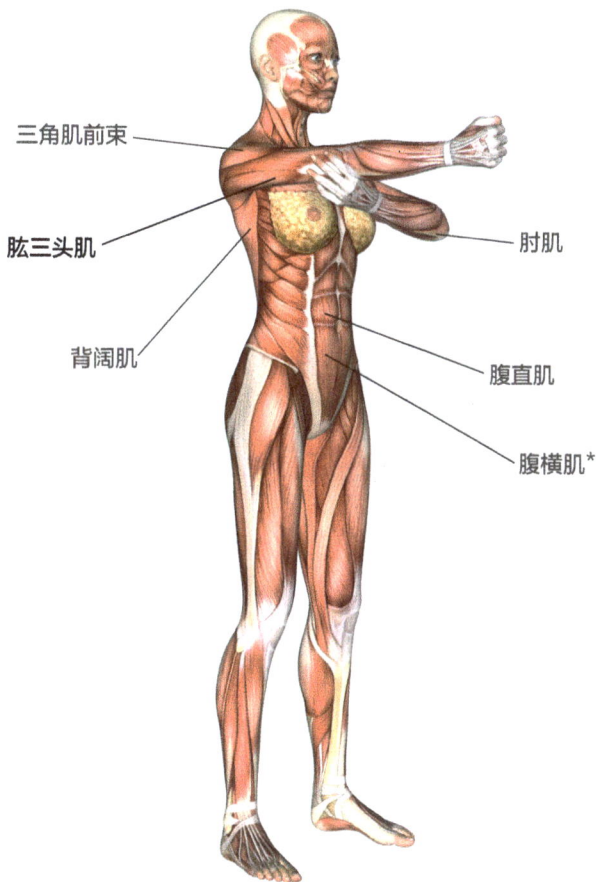

三角肌前束

肱三头肌

背阔肌

肘肌

腹直肌

腹横肌*

益处	**有下列问题时不建议做此项练习**
·增强手臂和躯干的力量	·肩部问题 ·手腕疼痛 ·上背部疼痛

哑铃－训练椅－半跪－单臂屈臂伸

1. 同侧膝、手支撑于训练椅上。对侧手握哑铃于身体一侧，且躯干、上臂与地面平行，前臂垂直地面。
2. 进行单臂屈伸练习。
3. 恢复至起始姿势，重复规定的次数。对侧亦然。

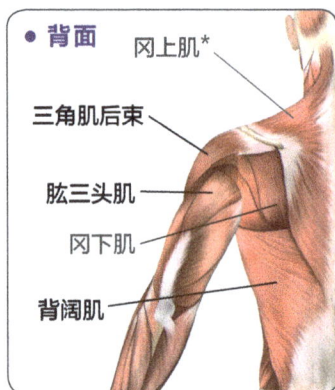

● **背面**
冈上肌*
三角肌后束
肱三头肌
冈下肌
背阔肌

手臂伸直时依然靠近躯干的侧面。

躯干始终保持平直，面部朝下。

尽量缓慢地完成整个动作。恢复至起始姿势停顿2秒。

聚焦游泳

1. 该练习有助于锻炼肱三头肌的力量，强化手臂后侧肌群。这个过程对于增强自由泳特别是仰泳拉动的最后阶段中所产生的推进力量是十分重要的。
2. 将这个动作控制得非常慢是能够从这个练习中取得最好效果的关键点。加大这个动作的难度的最好办法是在手臂完全伸直时停 1 到 2 秒，使肱三头肌收紧，然后手臂至 90 度屈肘位时再保持 1 到 2 秒。这样可以防止产生像钟摆一样的哑铃摇摆动作，那是作弊的一种形式。

避免

1. 运动过程中哑铃远离身体。
2. 弯曲手臂时耸肩。
3. 头部抬起或过于向低。

目标锻炼肌群

肱三头肌
三角肌后束
背阔肌
肘肌

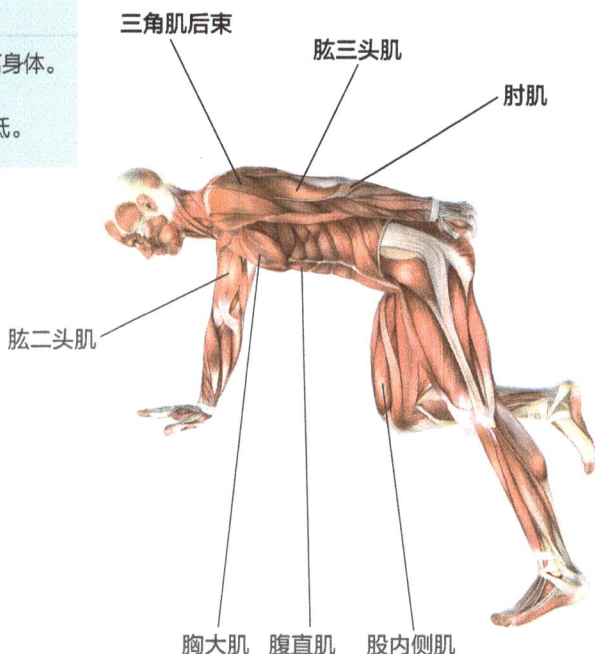

三角肌后束
肱三头肌
肘肌
肱二头肌
胸大肌　腹直肌　股内侧肌

益处

- 使手臂后侧肌肉得以锻炼

有下列问题时不建议做此项练习

- 肩部问题
- 肘部问题

俯卧撑 – 窄距

1. 俯卧撑姿，双手双脚撑地，双手两大拇指和食指围成心形，手臂伸直，身体从头到脚踝呈一条直线。
2. 屈肘，身体下沉，至胸部几乎碰到地面。
3. 快速推起身体，恢复至起始姿势，重复规定的次数。

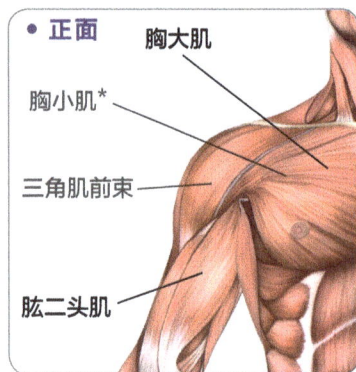

正面
胸大肌
胸小肌*
三角肌前束
肱二头肌

颈部保持伸长、放松的状态。

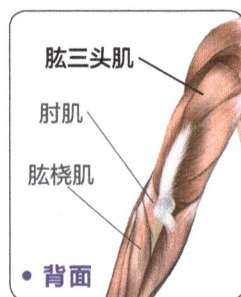

肱三头肌
肘肌
肱桡肌
背面

腹部和臀部收紧，保持身体稳定。

保持头部与脊柱在同一直线上，不要弓背或塌腰。应保持整个脊柱伸直。

视角 转换

聚焦游泳

1. 俯卧撑是一个非常好的陆上练习，因为它对于所有游泳训练者而言，不需要任何器械，而且它会将肩关节置于一种叫作闭链的状态，这样的练习能够显著增加肩关节周围稳定肌群的使用。
2. 当进行这种或其他方式的俯卧撑时，主要的关注点是使身体保持直立，从踝关节一直到头顶，就像在水中保持流线型姿势一样。

避免

1. 运动过程中出现耸肩。
2. 身体下沉时塌腰。

目标锻炼肌群

肱三头肌
胸大肌
肱二头肌

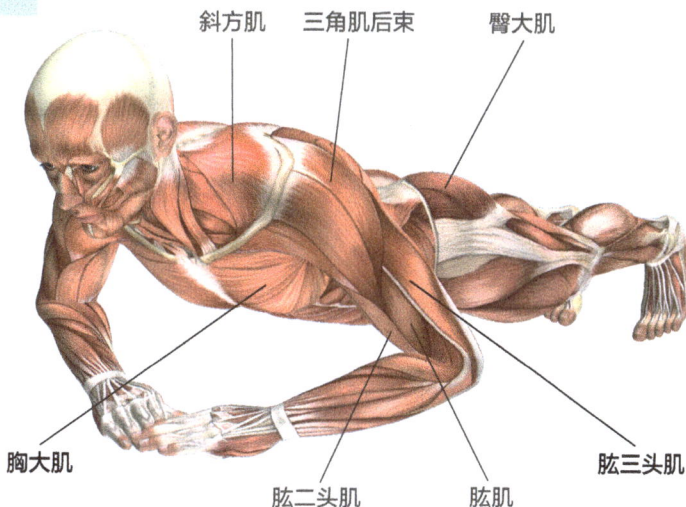

难度降低
如果完成有困难，可以从双膝支撑开始练习，代替脚尖支撑。

斜方肌　　三角肌后束　　臀大肌

胸大肌　　肱二头肌　　肱肌　　肱三头肌

益处
· 强化核心、肩部、背部、臀部以及胸部

有下列问题时不建议做此项练习
· 肩部问题

哑铃 – 弹力带卧推

1. 仰卧于垫上，屈膝，双脚支撑地面。弹力带两端固定在两个哑铃上，中段压在背部下方固定。双手握哑铃放在胸前，弯曲肘关节。
2. 双臂同时胸前推举。
3. 恢复至起始姿势，重复规定的次数。

保持背部贴地。

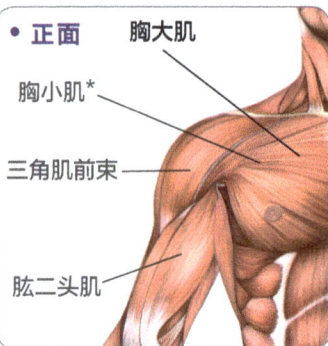

• 正面　　胸大肌

胸小肌*

三角肌前束

肱二头肌

双臂上举时保持动作流畅且受控。

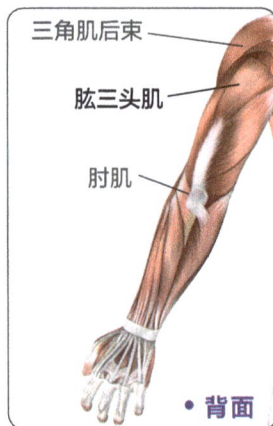

三角肌后束

肱三头肌

肘肌

• 背面

视角 转换

聚焦游泳

1. 这个练习优于俯卧撑 – 窄距的地方在于使用的力量以阻力形式呈现，也可以让肱三头肌承受的压力大小产生变化。因此，肱三头肌不够发达、无法完成俯卧撑 – 窄距的游泳训练者，可以用这个练习来强化肱三头肌。
2. 当进行本练习时，肘关节允许向外摆动大约 45 度的范围，以起到单独针对肱三头肌训练的效果。

难度增大

可以仰卧在瑞士球上重复不加弹力带的曲臂伸动作。不稳定平面可以同时锻炼核心肌群的稳定性。

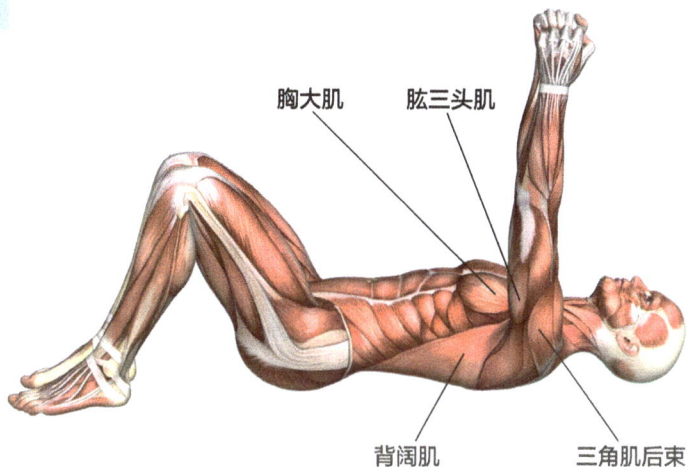

避免

1. 上举哑铃时肘部外翻。
2. 手中的哑铃在靠近胸前时摇摆不定。

目标锻炼肌群

肱三头肌
胸大肌

胸大肌　　肱三头肌

背阔肌　　三角肌后束

益处

· 强化肱三头肌

有下列问题时不建议做此项练习

· 肘部疼痛

药球 - 分腿姿 - 胸前抛球

1. 分腿姿站立，双手持药球于胸前。
2. 将药球拉至胸前，尽可能用最大力量快速向前推出药球。重复规定的次数。

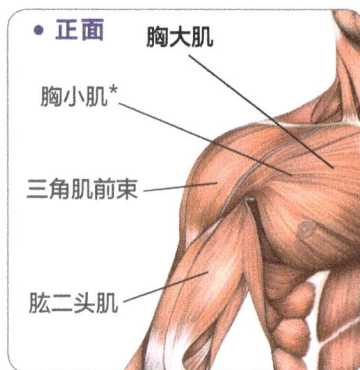

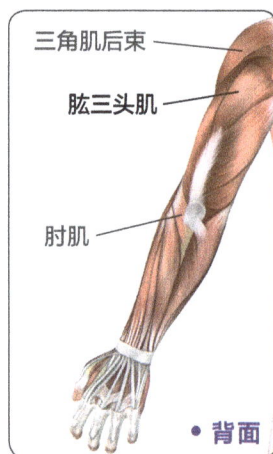

● **正面**

胸大肌

胸小肌*

三角肌前束

肱二头肌

保持背部挺直，身体不要晃动。

三角肌后束

肱三头肌

肘肌

● **背面**

手臂从完全伸直到将球抛出要控制好速度。

聚焦游泳

1. 当进行药球胸前抛球时，要点是强调扔的动作要有控制和爆发性。这个技术特点将它同其他那些缓慢进行的、有控制的练习区分开来，爆发性地收缩能够帮助发展肱三头肌的力量。
2. 这个练习中的动作与在蝶泳和仰泳中出发转身时使用的动作很相似，能够很好地帮助游泳训练者学习在出发转身时如何吸收和重新分布动量。

避免

抛球过程中弓背。

目标锻炼肌群

肱三头肌
胸大肌

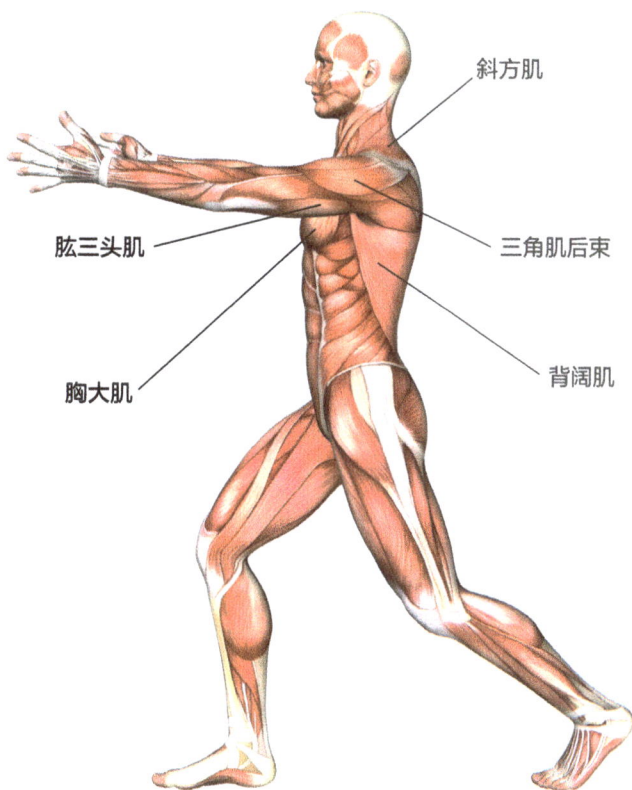

斜方肌

肱三头肌

三角肌后束

胸大肌

背阔肌

益处
- 增强手臂和躯干力量

有下列问题时不建议做此项练习
- 肩部问题
- 手腕疼痛
- 上背部疼痛

哑铃 – 仰卧 – 双臂胸前推举

1. 仰卧在训练椅上，双脚踩实地面。双手握哑铃放在肩关节前。
2. 双臂同时前推至双臂伸直。
3. 恢复至起始姿势，重复规定的次数。

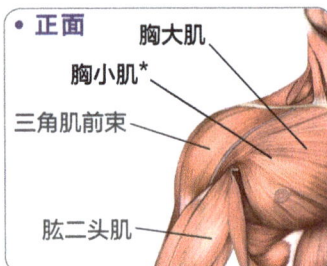

- **正面** 胸大肌
  - 胸小肌*
  - 三角肌前束
  - 肱二头肌

双手持平握住哑铃。

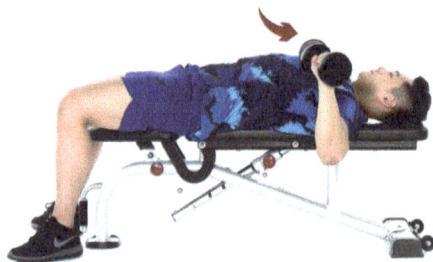

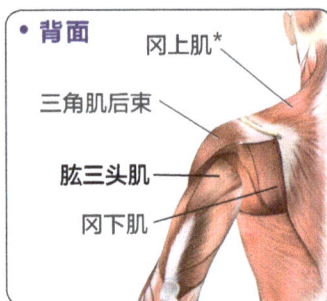

- **背面** 冈上肌*
  - 三角肌后束
  - 肱三头肌
  - 冈下肌

推举哑铃时一定要注意胸部发力。

慢慢放下哑铃的同时吸气。

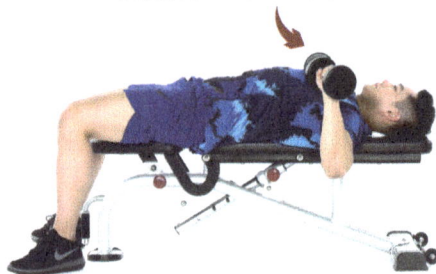

视角 转换

聚焦游泳

1. 胸前推举是几乎所有运动员在针对胸大肌进行训练时必不可少的训练项目。这个练习可以通过很大的活动范围来训练胸大肌的力量，这种力量贯穿于自由泳、蝶泳和蛙泳的整个拉动阶段。虽然它与俯卧撑使用的肌群相同，但是它们的阻力不一样，这就克服了俯卧撑的缺点。

2. 将哑铃下降到胸部中间位置（乳头连线）是非常重要的，这样做可以使肘关节沿着体侧向下。若将哑铃下降到上胸部的位置（如锁骨处），就会使肘关节位置过高，这会对肩关节的前部产生过度的压力。

3. 使用哑铃可以使双手各自独立移动，这就营造了一个与游泳中双手各自动作相似的情况。使用哑铃还通过将双臂分开避免了强侧对弱侧肌肉的代偿。

避免

1. 下落时无控制性。
2. 向上推举哑铃时肘关节过伸。

目标锻炼肌群

胸大肌
胸小肌
肱三头肌

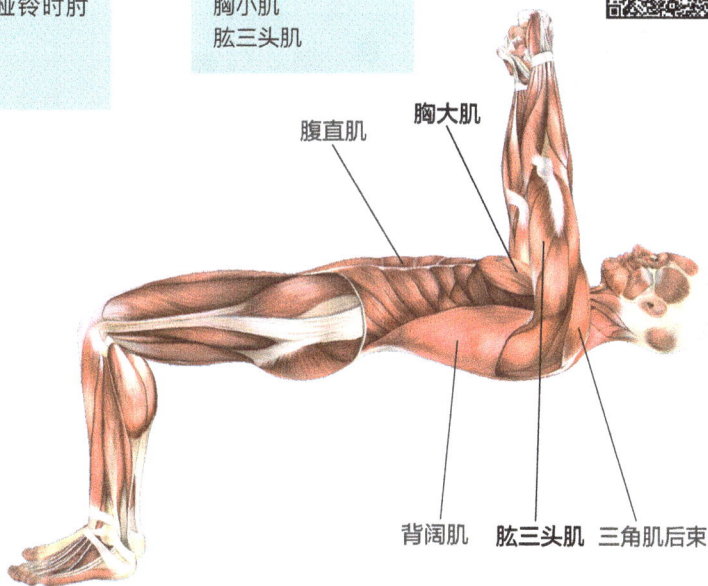

胸大肌

腹直肌

背阔肌　　肱三头肌　　三角肌后束

益处

- 增强胸部肌肉的力量，并增大其围度

有下列问题时不建议做此项练习

- 腕部疼痛
- 肩部疼痛
- 腰背部疼痛

哑铃 – 站姿 – 基本弯举 – 双臂

1. 基本站姿，双手握哑铃自然下垂，掌心向前。
2. 双臂同时弯举，至掌心向后。
3. 恢复至起始姿势，重复规定的次数。

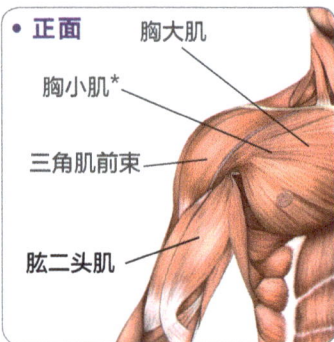

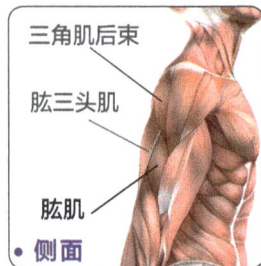

正面

胸大肌

胸小肌*

三角肌前束

肱二头肌

三角肌后束

肱三头肌

肱肌

侧面

当手臂举到最高点时，双手大约与肩齐平。

弯举双臂时保持动作稳定，收紧核心。

视角转换

将哑铃举起时呼气，恢复至起始姿势时吸气。

聚焦游泳

1. 本练习对在蛙泳的拉动阶段中抓水的开始部分有帮助，也能有助于提升蛙泳拉动阶段的后半程成绩。
2. 在不同泳姿的拉动阶段的后半程中，保持肘关节的屈曲位是非常重要的，本练习恰好能强化这方面的能力。
3. 如果在自由泳的抓水动作中不能保持肘关节的屈曲位，肘关节将向下掉落，这会导致很明显的力量丢失，此时需加强本练习。

避免

1. 凭借一股冲力将哑铃举起。
2. 利用背部力量将哑铃举起。
3. 运动过程中屈腕。

目标锻炼肌群

肱二头肌
肱肌

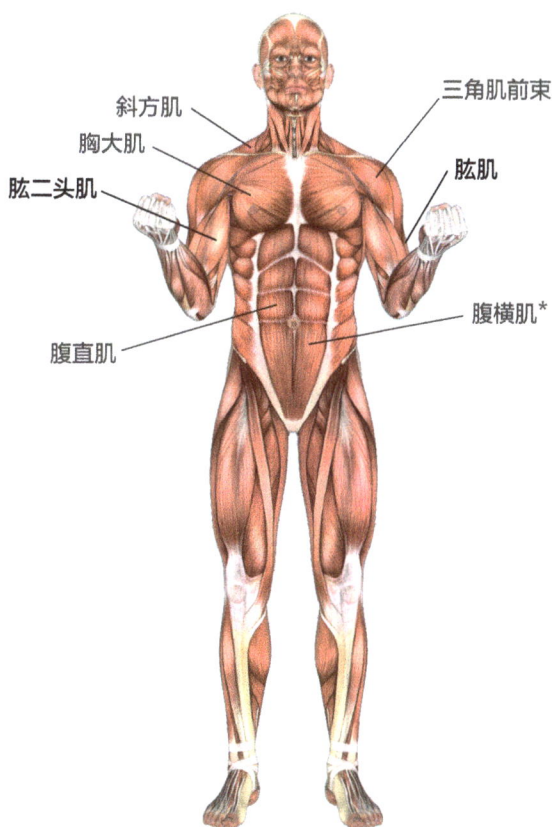

斜方肌
胸大肌
肱二头肌
腹直肌
三角肌前束
肱肌
腹横肌*

益处

· 增强上臂肌肉的力量，并增大其围度

有下列问题时不建议做此项练习

· 肘部问题

哑铃 – 坐姿 – 单臂反向弯举

1. 坐在训练椅上，双脚分开，踩实地面。单手握哑铃，掌心向外，肘关节支撑在膝关节内侧以固定位置。
2. 单臂弯举。
3. 恢复至起始姿势，重复规定的次数。

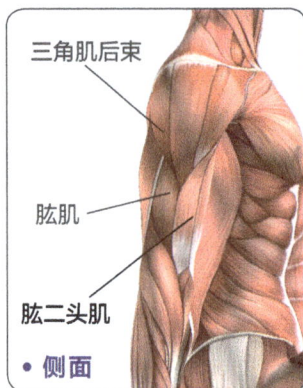

三角肌后束

肱肌

肱二头肌

• 侧面

哑铃要与地面保持一定的距离。

将注意力集中在肱二头肌的收缩上。

弯举到最高点时停顿 1 到 2 秒。

弯举过程中，肘部固定在腿上。

视角 转换

聚焦游泳

1. 本练习的主要目的是注重屈肘的动作,以此来增强屈肘肌肉的力量。
2. 本练习的关键是将肘关节维持在大腿内侧的一个稳定的位置上,同时缓慢、有控制性地进行该动作。

避免

1. 运动过程中身体发生晃动。
2. 握哑铃的手屈腕。
3. 弯举过程中肩部向前伸展。

目标锻炼肌群

肱二头肌

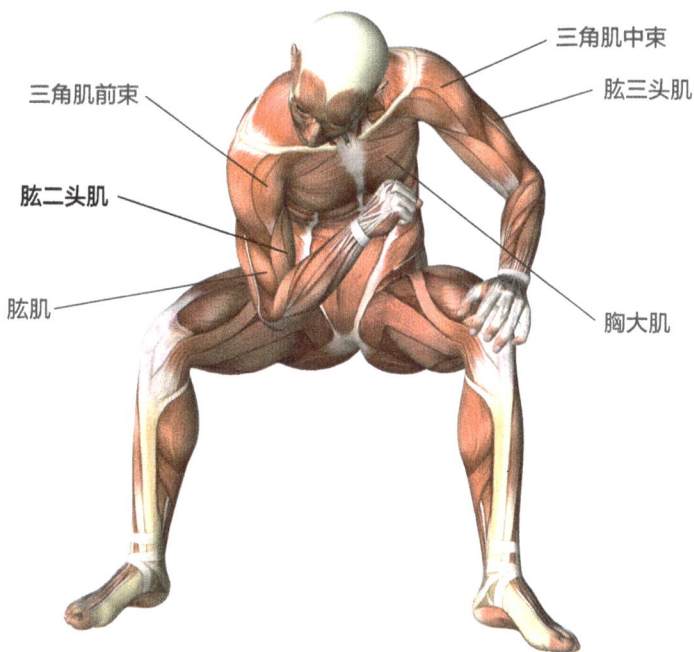

三角肌前束	三角肌中束
肱二头肌	肱三头肌
肱肌	胸大肌

益处
- 增强手臂力量

有下列问题时不建议做此项练习
- 膝部疼痛

第 3 章

肩部训练

哑铃 - 站姿 - 双臂交替前平举

1. 基本站姿，双手握哑铃自然下垂于身前。
2. 左臂向前举起哑铃，直至与肩部水平，右臂保持自然下垂。
3. 左臂有控制地落回，同时右臂向前举起哑铃。双臂交替做哑铃前平举，重复规定的次数。
4. 恢复至起始姿势。

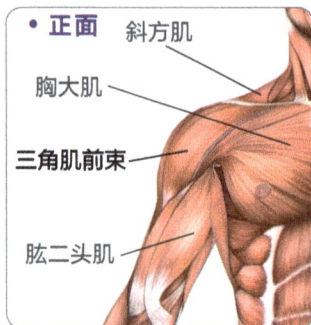

• **正面** 斜方肌

胸大肌

三角肌前束

肱二头肌

保持背部挺直，腹部收紧，身体不要晃动。

固定位置后再进行本练习，以保证没有耸肩。

视角 转换

聚焦游泳

1. 三角肌前束是本练习锻炼的主要肌肉，它在蝶泳、蛙泳，特别是仰泳的恢复阶段起着重要作用。
2. 在蝶泳中，它在恢复阶段的后半程激活。而在蛙泳中它负责引导游泳者的手和手臂从胸部下方穿过直到完全伸直，从而保证最有效地完成游泳动作。而在仰泳的整个恢复阶段，从出水到再进入水动作的完成，都依赖于三角肌前束的激活。
3. 随着游泳速度的增快，对快速恢复的需求会增加，因此对三角肌前束的要求就更高。可以将这个动作与如前面所述的肩关节固定的动作结合使用。

避免

1. 肘部或者哑铃的高度超过肩部。
2. 运动过程中耸肩。

目标锻炼肌群

三角肌前束

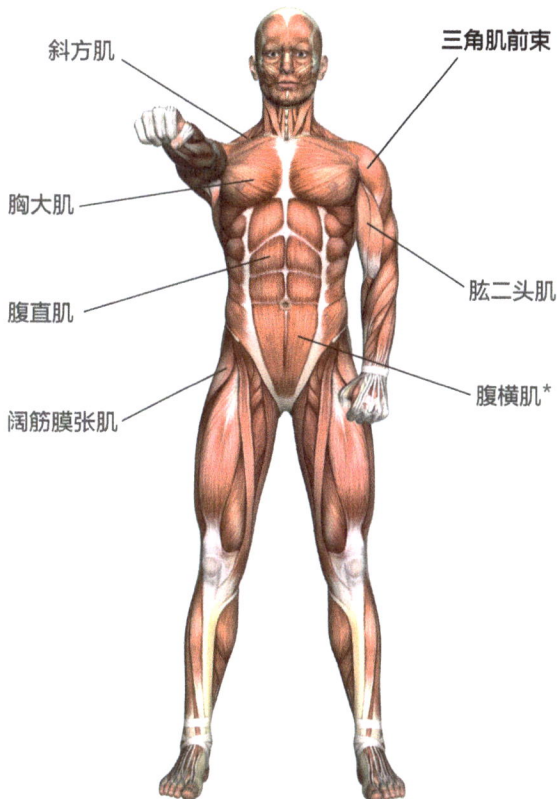

斜方肌

三角肌前束

胸大肌

腹直肌

肱二头肌

阔筋膜张肌

腹横肌*

益处

- 增强手臂力量

有下列问题时不建议做此项练习

- 肩部问题
- 肩袖损伤

哑铃 - 站姿 - 双臂侧平举

1. 基本站姿，双手握哑铃自然下垂于身体两侧。
2. 双臂同时侧平举。
3. 缓慢放低哑铃，恢复至起始姿势，重复规定的次数。

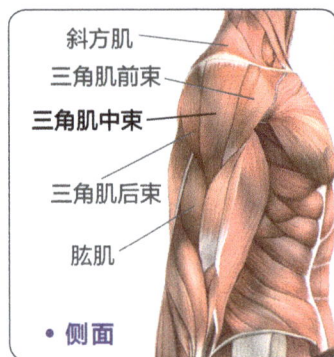

斜方肌
三角肌前束
三角肌中束
三角肌后束
肱肌

• **侧面**

双臂向两侧外伸时动作要缓慢。

保持背部挺直，腹部收紧，身体稳定。

放低哑铃时，动作要缓慢有控制。

聚焦游泳

1. 本练习主要针对的是三角肌中束，它在自由泳和蝶泳的恢复阶段中是非常重要的肌肉。与自由泳不同，蝶泳无法通过身体的翻转以及手臂的辅助来复位，因此完全依靠三角肌群，特别是靠三角肌中束来将手臂收回。

2. 同哑铃前平举的动作一样，在进行本练习时躯干必须要保持直立的姿势。本练习可以作为在开始上肢练习时，加强肩胛骨稳定的基础训练动作。

避免

1. 动作过于匆忙，或手臂抽搐。
2. 双臂抬升的高度超过肩部。
3. 双脚发生移动。

目标锻炼肌群

三角肌中束

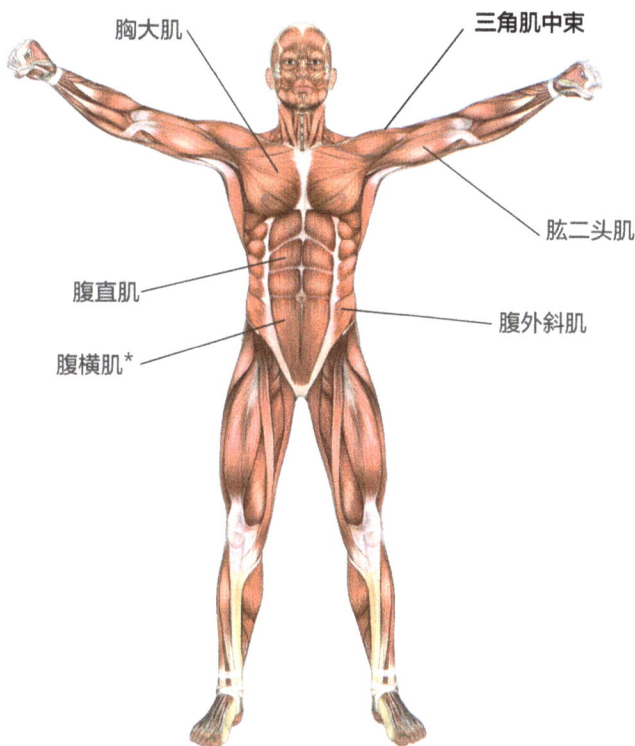

胸大肌

三角肌中束

肱二头肌

腹直肌

腹外斜肌

腹横肌*

益处
- 强化三角肌
- 肱三头肌塑形

有下列问题时不建议做此项练习
- 肩部问题

哑铃 – 瑞士球 – 俯卧 – 复合划举

1. 俯卧在瑞士球上，双脚脚尖支撑地面。双手握哑铃放在胸前的地面上，掌心相对。
2. 肘部弯曲，双臂抬起，并同时后拉至胸部两侧。
3. 双臂向两侧伸展，做侧平举动作。
4. 接着双臂向前划动至前平举。
5. 恢复至起始姿势，重复规定的次数。

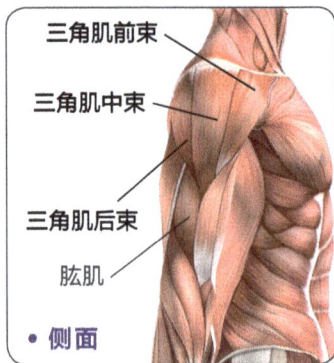

三角肌前束

三角肌中束

三角肌后束

肱肌

● 侧面

双臂的上升或下降都要保持稳定。

整个过程中，肘部保持略微屈曲。

双臂达到同样的高度。

聚焦游泳

1. 本练习针对三角肌三束（前、中和后），是增强肩部力量的全方位练习，因此它适用于四种泳姿的恢复阶段。
2. 对于初次接触游泳项目的年轻游泳者来说，这是一个非常好的发展肩部力量的基础练习动作，并且对游泳水平的提高以及逐渐增加游泳距离也非常重要。
3. 对于有经验的游泳者，由于包含有多个动作，因此本练习非常适合在赛季的开始阶段使用，或者从损伤中恢复的过程中用于加强耐力。

避免

1. 发力时，躯干移动。
2. 运动过程中，手中的哑铃与地面接触。

目标锻炼肌群

三角肌前束
三角肌中束
三角肌后束

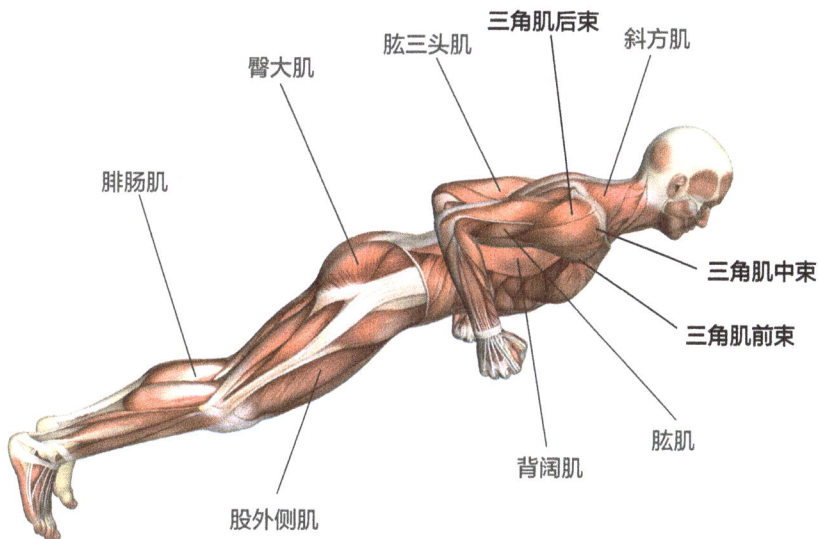

臀大肌
肱三头肌
三角肌后束
斜方肌
腓肠肌
三角肌中束
三角肌前束
肱肌
背阔肌
股外侧肌

益处

· 增强肩部和上背部力量

有下列问题时不建议做此项练习

· 颈部问题
· 下背部疼痛

哑铃 - 坐姿 - 双臂锤式推举

1. 坐在训练椅上，双手握哑铃置于肩关节前，掌心相对。
2. 双臂同时上举过顶，至双臂伸直。
3. 缓慢向下恢复至起始姿势，重复规定的次数。

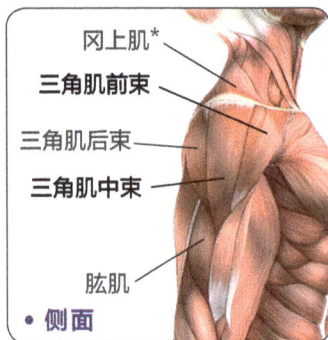

冈上肌*
三角肌前束
三角肌后束
三角肌中束
肱肌
• **侧面**

伸展双臂时，身体其他部位保持稳定不动。

注意肘关节不要过伸。

视角 转换

聚焦游泳

1. 为了入水距离尽可能远，需要在进入水的时候将手臂伸直，将身体拉长。本练习能够帮助增强手过头顶的力量，加速伸臂过程以及增加进入水中时拉长入水距离的自信。
2. 本练习是一个经过改良的传统力量上举动作。传统的练习一般开始于将哑铃举到一个"举起手来"的位置上，手掌朝前，而游泳者需要避免这个姿势。因为它会对肩关节产生过度的压力，而水中由距离产生的负荷已经存在一定的压力，当与这一动作结合时对肩关节的损伤会更大。

避免

1. 躯干扭曲。
2. 在推举过程中，当向上举起哑铃时，背部过度伸展。

目标锻炼肌群

三角肌前束
三角肌中束

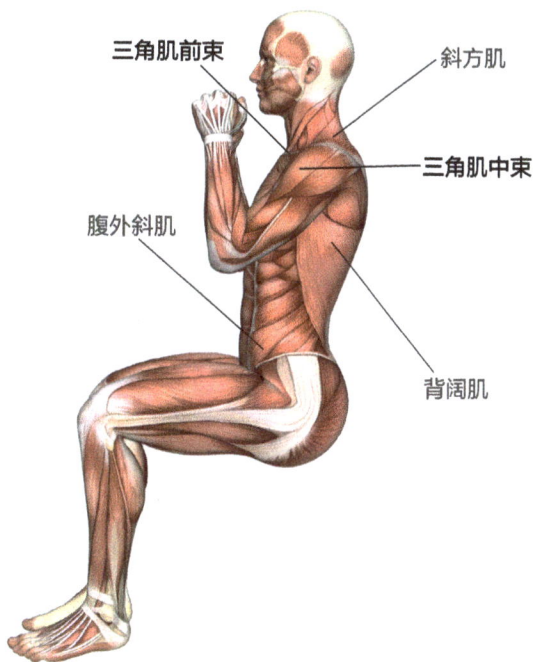

三角肌前束　斜方肌
三角肌中束
腹外斜肌
背阔肌

益处
- 强化肩部和上臂

有下列问题时不建议做此项练习
- 肩部问题

哑铃 - 站姿 - 俯身平举

1. 基本站姿，双脚分开约与肩同宽，俯身，背部平行于地面。双手握哑铃并自然下垂，掌心相对，微屈膝。
2. 双臂向上方平举，收紧肩胛骨。
3. 恢复至起始姿势，重复规定的次数。

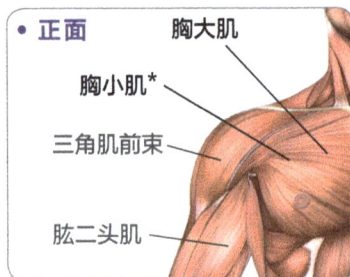

• 正面
胸大肌
胸小肌*
三角肌前束
肱二头肌

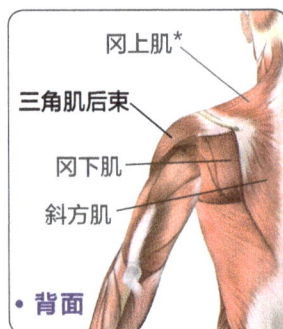

冈上肌*
三角肌后束
冈下肌
斜方肌
• 背面

举起哑铃时呼气，将哑铃恢复至起始姿势时吸气。

举起哑铃，肘关节稍稍屈曲，上臂与肩关节持平。

恢复至起始姿势时动作要缓慢。

视角 转换

聚焦游泳

1. 本练习可分别针对于两个不同的肌群，这取决于哑铃的重量。如果使用较轻的哑铃，在训练的最后能够更多地关注于夹紧上背部，则可更有针对性地锻炼大菱形肌和小菱形肌。这是将菱形肌作为训练目标的训练方法，可以增强菱形肌在肩带肌肉中作为稳定肌肉的地位，因此能够增加整个肩带肌肉的稳定性基础力量，降低损伤的风险。
2. 当哑铃的力量增加时，强调的重点从菱形肌沿着肩关节后方转移到三角肌后束。针对这些肌群的练习，可以增强蛙泳以及蝶泳中恢复阶段的力量，同时对于自由泳恢复阶段开始部分同样有效。

避免

1. 躯干扭曲。
2. 向上举起哑铃时，背部过度伸展。

目标锻炼肌群

胸大肌
胸小肌
三角肌后束

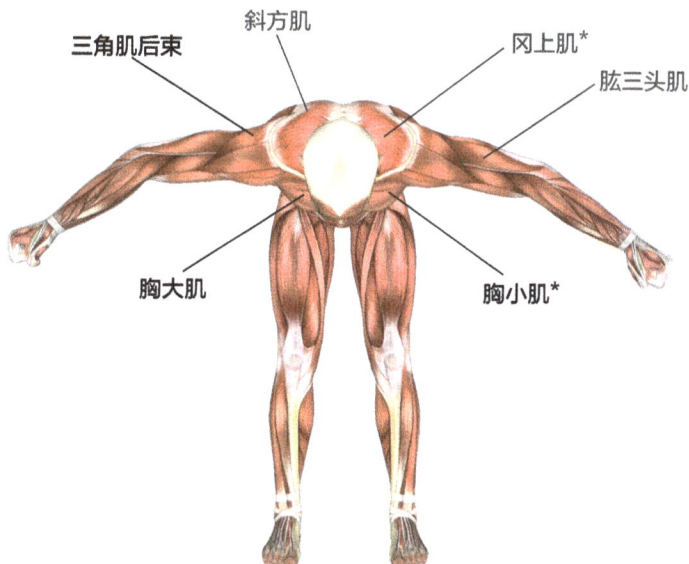

三角肌后束　斜方肌　冈上肌*　肱三头肌

胸大肌　胸小肌*

益处

· 增强肩部和上背部力量

有下列问题时不建议做此项练习

· 肩部问题
· 背部问题

瑞士球 – 上斜 –T 字

1. 俯卧在瑞士球上，背部挺直，胸部离开球面，双臂伸直，双手撑地，放于瑞士球两侧。
2. 双侧肩胛骨收紧，拇指向上，双臂向两侧抬起，与躯干呈T字。保持10秒。
3. 恢复至起始姿势，重复规定的次数。

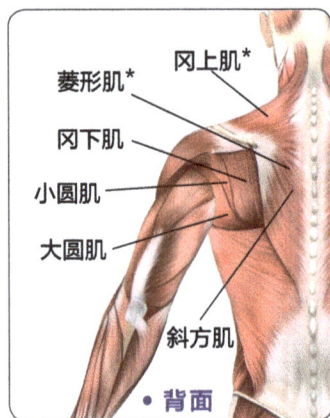

冈上肌*
菱形肌*
冈下肌
小圆肌
大圆肌
斜方肌
· 背面

抬起双臂，大致呈一条直线。

视角 **转换**

聚焦游泳

1. 由于本练习中肩关节位置会发生变化，能够强化支持肩带（稳定肩关节的部位）的大部分肌肉。进行本练习可以增强肩带的稳定性，能够在游泳时将力从上肢传到身体其他部位，有助于预防肩关节损伤。

2. 在进行本练习时应该注意夹紧上背部，同时用手臂做小幅度快速的摆动动作。随着耐力的增加可以将姿势保持时间延长到 20 秒。

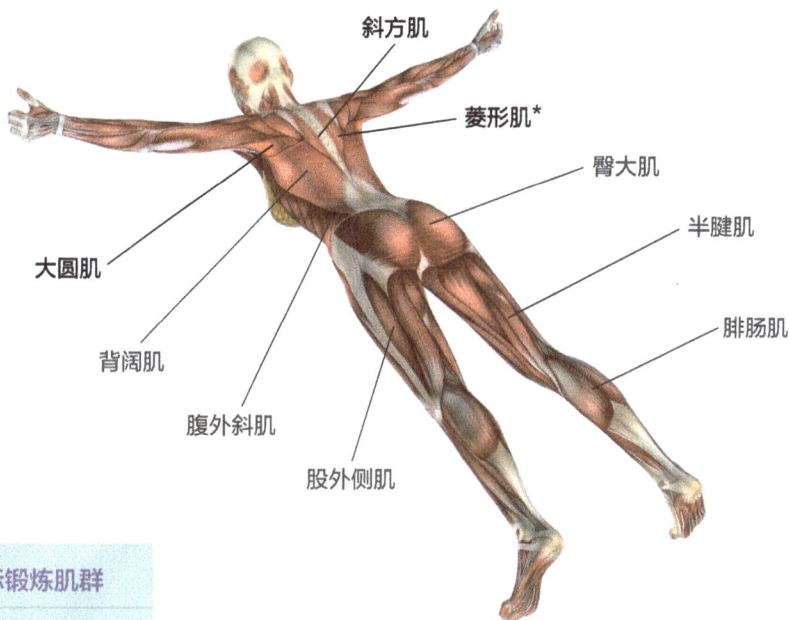

斜方肌

菱形肌*

臀大肌

半腱肌

腓肠肌

大圆肌

背阔肌

腹外斜肌

股外侧肌

目标锻炼肌群

斜方肌
菱形肌
冈上肌
小圆肌
大圆肌
冈下肌

避免

1. 躯干扭曲。
2. 向上伸展手臂时背部过度伸展。

益处

- 提高肩带稳定性

有下列问题时不建议做此项练习

- 肩部问题
- 手腕疼痛
- 上背部疼痛

瑞士球－上斜－Y 字

1. 俯卧在瑞士球上，背部挺直，胸部离开球面，双臂伸直，双手撑地，放于瑞士球两侧。
2. 双侧肩胛骨收紧，拇指向上，双臂向前向上抬起，与躯干呈Y字。保持10秒。
3. 恢复至起始姿势，重复规定的次数。

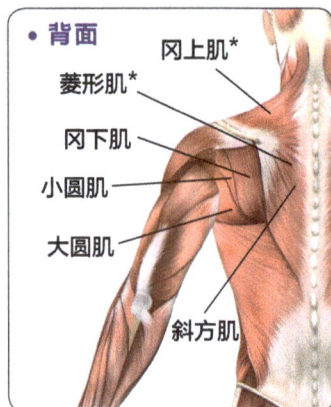

- 背面
冈上肌*
菱形肌*
冈下肌
小圆肌
大圆肌
斜方肌

抬起双臂，没有"T字"的距离宽。

视角 转换

聚焦游泳

1. 由于本练习中肩关节位置会发生变化，能够强化支持肩带（稳定肩关节的部位）的大部分肌肉。进行本练习可以增强肩带的稳定性，能够在游泳时将力从上肢传到身体其他部位，有助于预防肩关节损伤。
2. 在进行本练习时应该注意夹紧上背部，同时用手臂做小幅度快速的摆动动作。随着耐力的增加可以将姿势保持时间延长到 20 秒。

避免

1. 躯干扭曲。
2. 向前伸展手臂时背部过度伸展。

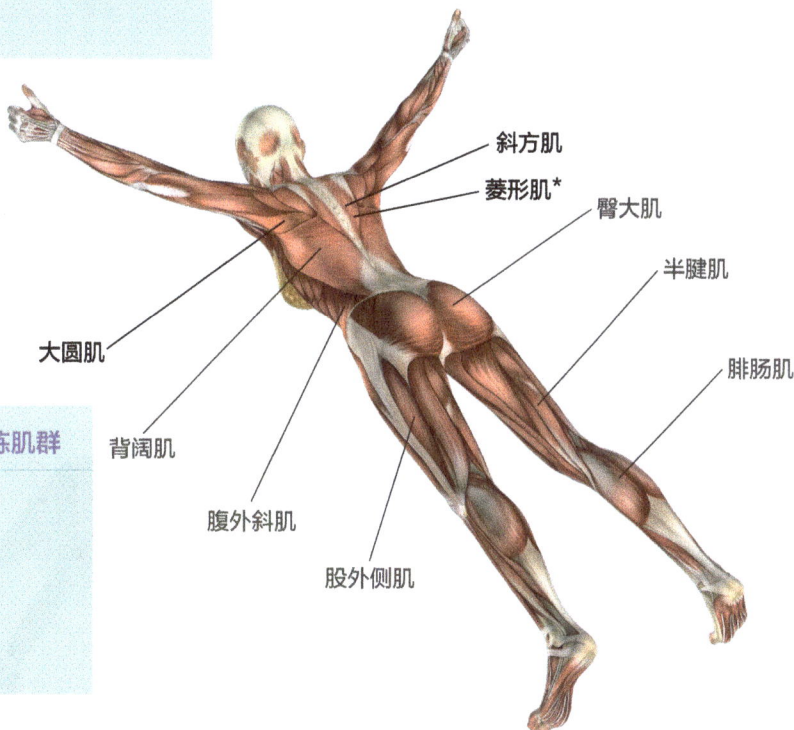

斜方肌

菱形肌*

臀大肌

半腱肌

腓肠肌

大圆肌

背阔肌

目标锻炼肌群

斜方肌
菱形肌
冈上肌
小圆肌
大圆肌
冈下肌

腹外斜肌

股外侧肌

益处
- 提高肩带稳定性

有下列问题时不建议做此项练习
- 肩部问题
- 手腕疼痛
- 上背部疼痛

瑞士球 – 上斜 –I 字

1. 俯卧在瑞士球上，背部挺直，胸部离开球面，双臂伸直，撑于瑞士球两侧的地面上。
2. 双侧肩胛骨收紧，拇指向上，双臂向前抬起，与躯干呈I字。
3. 恢复至起始姿势，重复规定的次数。

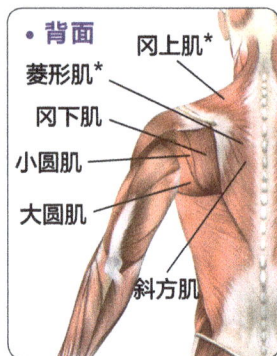

起始时，注意夹紧上背部。

可以手臂带动，做小幅度的摆动。

视角 转换

聚焦游泳

1. 由于本练习中肩关节位置的变化，能够强化支持肩带（稳定肩关节的部位）的大部分肌肉。进行本项练习可以增强肩带的稳定性，能够在游泳时将力从上肢传到身体的其他部位，从而帮助预防肩关节损伤。
2. 在进行本练习时应该注意夹紧上背部，同时用手臂做小幅度快速的摆动动作。随着耐力的增加可以将姿势保持时间延长到 20 秒。

避免

1. 躯干扭曲。
2. 向上伸展手臂时背部过度伸展。

目标锻炼肌群

斜方肌
菱形肌
冈上肌
小圆肌
大圆肌
冈下肌

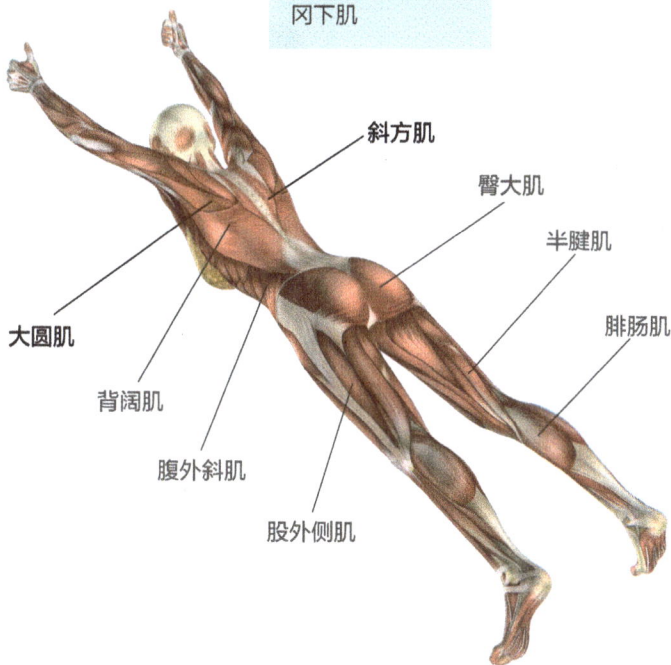

斜方肌
臀大肌
半腱肌
腓肠肌
大圆肌
背阔肌
腹外斜肌
股外侧肌

益处

- 提高肩带稳定性

有下列问题时不建议做此项练习

- 肩部问题
- 上背部疼痛

瑞士球 – 上斜 –W 字

1. 俯卧在瑞士球上，背部平直，胸部离开球面，伸直手臂，双手撑地，放于瑞士球两侧。
2. 双侧肩胛骨收紧，双臂屈肘拇指向上，然后抬起手臂与躯干呈W字。保持10秒。
3. 恢复至起始姿势，重复规定的次数。

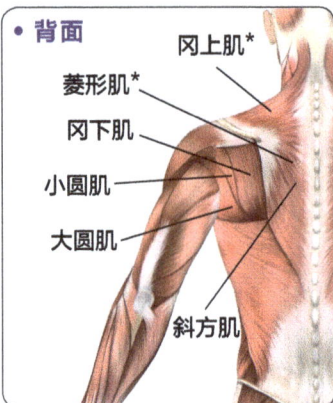

• 背面

冈上肌*
菱形肌*
冈下肌
小圆肌
大圆肌
斜方肌

双臂屈肘与躯干构成 W 字。

视角 转换

聚焦游泳

1. 由于本练习中肩关节位置会发生变化，能够强化支持肩带（稳定肩关节的部位）的大部分肌肉。进行本练习可以增强肩带的稳定性，能够在游泳时将力从上肢传到身体其他部位，有助于预防肩关节损伤。
2. 在进行本项练习时应该注意夹紧上背部，同时用手臂做小幅度快速的摆动动作。随着耐力的增加可以将姿势保持 20 秒。

避免

1. 躯干扭曲。
2. 向上伸展手臂时背部过度伸展。

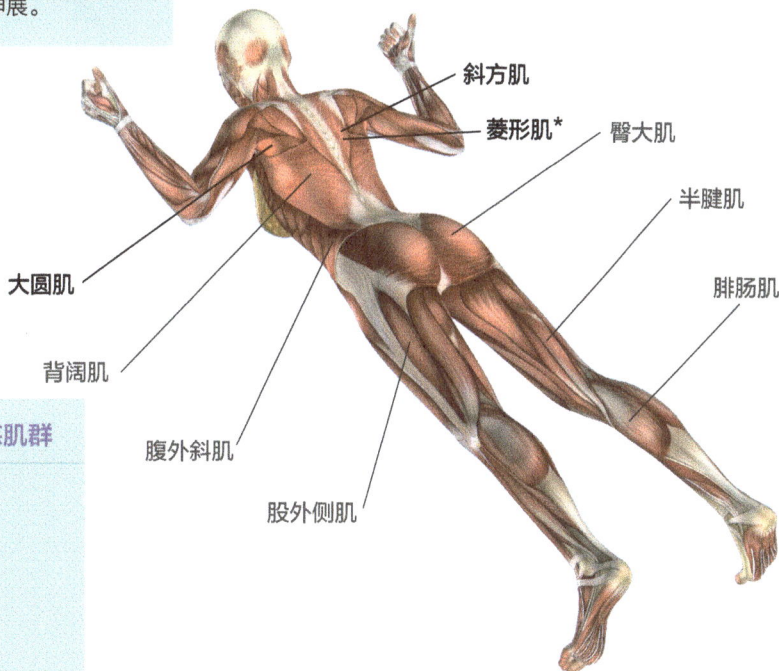

斜方肌

菱形肌*

臀大肌

半腱肌

腓肠肌

大圆肌

背阔肌

腹外斜肌

股外侧肌

目标锻炼肌群

斜方肌
菱形肌
冈上肌
小圆肌
大圆肌
冈下肌

益处

- 提高肩带稳定性

有下列问题时不建议做此项练习

- 肩部问题
- 手腕疼痛
- 上背部疼痛

平板支撑

1. 俯卧撑姿，双臂伸直支撑于肩部正下方，背部挺直，腹部收紧。
2. 双手距离与肩同宽，双脚稍微分开，脚尖撑地。保持此姿势直至规定的时间。

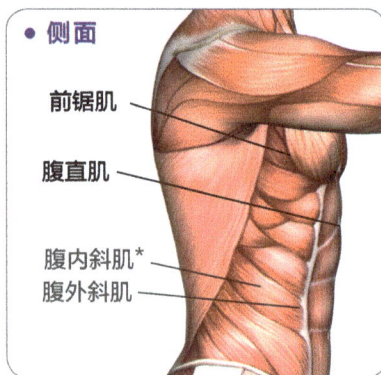

● **侧面**

前锯肌

腹直肌

腹内斜肌*
腹外斜肌

保持身体在一条直线上。

用脚尖和手掌支撑身体。

聚焦游泳

1. 本练习的目标肌肉是前锯肌。它对于保持肩带夹紧、支撑背部非常重要。前锯肌的薄弱会导致肩带的摇摆，使肩带不能进行恰当的控制，会导致肩关节损伤的风险增长。
2. 手臂在头顶上方移动时，向上旋转肩带可以帮助身体在泳池中伸展，此时前锯肌是非常重要的。将本练习的手支撑变为前臂支撑，就可以将肩部区域的动作分离出来。

避免

1. 运动过程中手臂弯曲。
2. 运动过程中塌腰。

目标锻炼肌群

前锯肌
腹直肌

变化练习
将手支撑，变成肘部支撑。

难度增大
双手支撑在不稳定的球面，增大了稳定的难度。

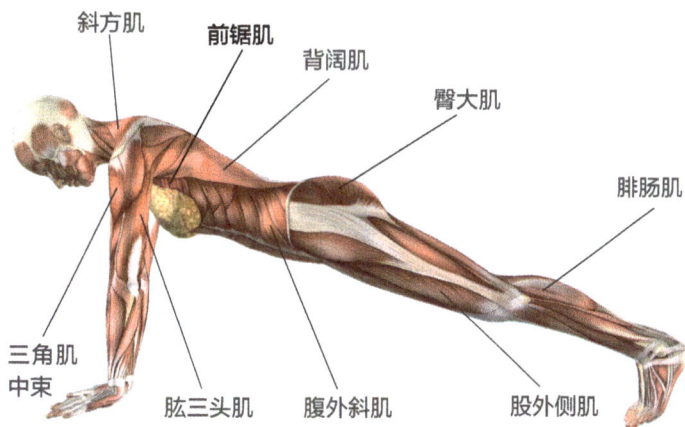

斜方肌　　前锯肌　　背阔肌　　臀大肌　　腓肠肌

三角肌中束　　肱三头肌　　腹外斜肌　　股外侧肌

益处
· 强化整个核心肌群

有下列问题时不建议做此项练习
· 肩部问题
· 背部疼痛
· 肘部疼痛

弹力带 – 站姿 – 肩关节旋内

1. 将弹力带一端固定在身体一侧。基本站姿，弹力带同侧的手握弹力带另一端，肘关节弯曲90度，并向外打开。
2. 上臂保持位置不变，前臂向内旋。
3. 前臂越过身体前方，直到碰触躯干。然后缓慢恢复至起始姿势，重复规定的次数。

背面

三角肌后束

小圆肌

大圆肌

背阔肌

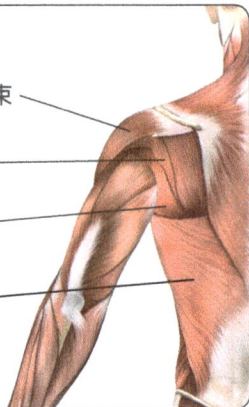

背部挺直，腹部收紧。

上臂与身体一侧夹紧。

前臂贴近腹部。

聚焦游泳

1. 肩胛下肌是组成肩袖的四块肌肉之一。肩袖是负责在不断重复的上肢训练中保证肩关节稳定的重要肌群，因此针对肩胛下肌的训练对预防损伤非常重要。要记住肩袖肌肉都起自肩带，所以应该在整个练习中要夹紧上背部，保持向下、向后的姿势。
2. 在体侧和肘关节之间放置一条毛巾，能有助于降低某些关键肌肉的张力，同时也可以提醒训练者在旋转手臂时向体侧夹紧肘关节。

避免

1. 运动过程中上臂移动。
2. 运动过程中动作速度过快。
3. 运动过程中腰部扭转。

目标锻炼肌群

肩胛下肌
三角肌前束
胸大肌
背阔肌

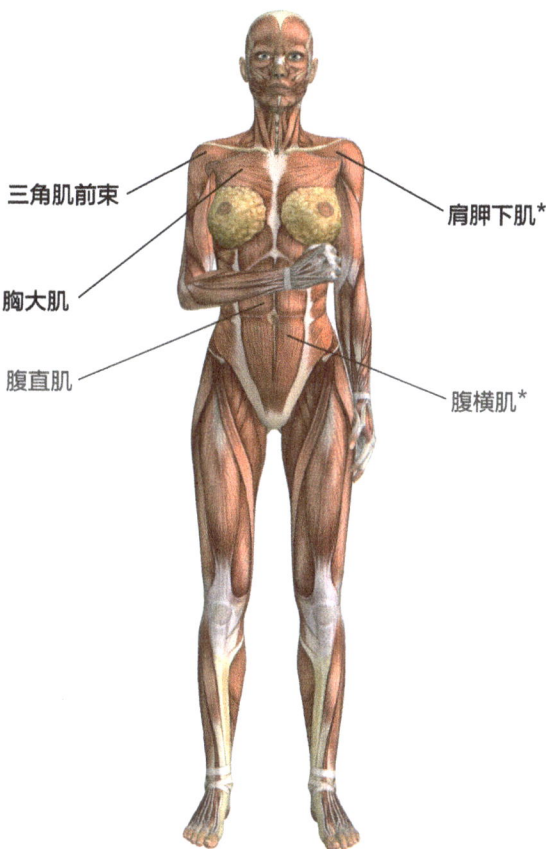

三角肌前束
肩胛下肌*
胸大肌
腹直肌
腹横肌*

益处

- 提高肩部肌群的稳定性和灵活性

有下列问题时不建议做此项练习

- 肘部疼痛
- 手腕疼痛
- 肩部问题

弹力带 – 站姿 – 肩关节旋外

1. 将弹力带一端固定在身体一侧。基本站姿，弹力带异侧的手握弹力带一端，肘关节弯曲90度，并向内收至腹部前方。
2. 上臂保持位置不变，前臂向外旋。
3. 前臂尽可能朝一侧外伸。然后恢复至起始姿势，重复规定的次数。

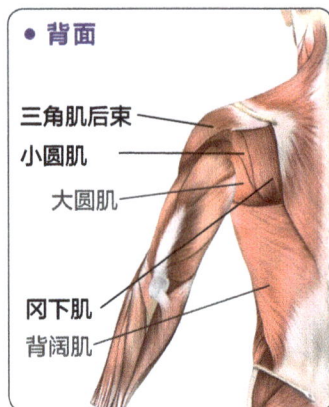

● 背面

三角肌后束
小圆肌
大圆肌

冈下肌
背阔肌

前臂与地面平行。

上臂与身体一侧夹紧。

保持弹力带平直。

聚焦游泳

1. 外旋动作将肩胛下肌和小圆肌分开，它们都是肩袖肌群的组成部分，这些肌肉在重复的上肢训练中起到稳定肩关节的重要作用。由于除了仰泳之外的其他泳姿，都强调肩关节内旋动作，加入本练习对增强力量的平衡非常重要。
2. 记住所有的肩袖肌肉起自肩带，所以进行本练习时必须固定肩带。在整个练习过程中保持夹紧肩带向下、向后的姿势。在体侧和肘关节之间放置一条毛巾，能有助于降低某些关键肌肉的张力，同时也提醒训练者在旋转手臂时向体侧夹紧肘关节。

避免

1. 运动过程中上臂移动。
2. 完成动作速度过快。
3. 运动过程中腰部扭转。

目标锻炼肌群

小圆肌
冈下肌
三角肌后束

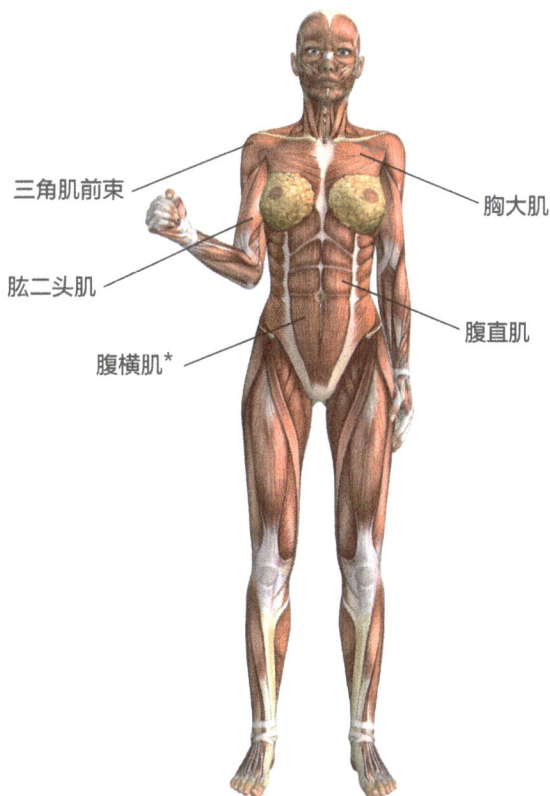

三角肌前束
胸大肌
肱二头肌
腹直肌
腹横肌*

益处

- 提高肩部肌群的稳定性
- 增强肩部力量

有下列问题时不建议做此项练习

- 肘部疼痛
- 手腕疼痛
- 肩部问题

动态四腿桌式

1. 坐姿，双腿屈膝，双脚踩地，且分开与髋同宽，双手撑于体后，手指指向前方。
2. 将髋部向上抬起，最大限度地使膝、髋、躯干和肩部平行于地面至目标肌肉有中等程度的牵拉感。
3. 保持静态拉伸动作至规定的时间，结束练习。

• 侧面

三角肌前束
三角肌后束
三角肌中束

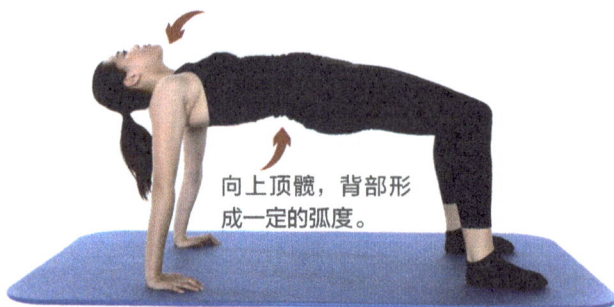

• 背面

冈上肌*
冈下肌
小圆肌
肱三头肌

开始拉伸时利用腘绳肌和肩部的力量打开髋部和胸部。

伸直颈部，头部稍微后仰。

向上顶髋，背部形成一定的弧度。

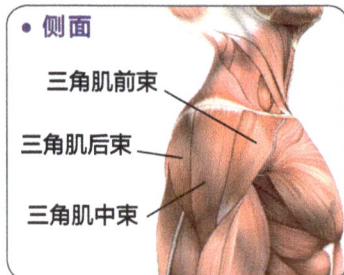

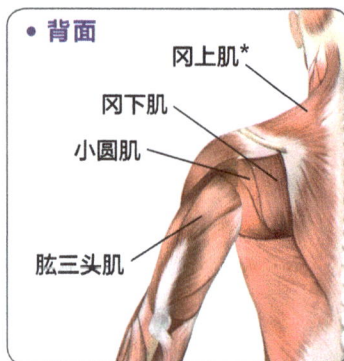

聚焦游泳

该练习是一个综合性的躯干支柱力量练习。对于上肢、核心肌群都有较好的锻炼作用，可以提升游泳运动员的核心稳定性，提高水中上下肢力量传递时的效率，同时还可以增强核心耐力，加强在水中的稳定性，更好地减少阻力。

避免

1. 拉伸过程中肘部出现弯曲现象。
2. 腰部、臀部松懈下凹。

目标锻炼肌群

三角肌前束
三角肌中束
三角肌后束
冈上肌
冈下肌
小圆肌
肩胛下肌
肱三头肌

变化练习

双腿向前伸直支撑于地面，双脚分开与髋同宽，双手撑于体后，手指指向前方。

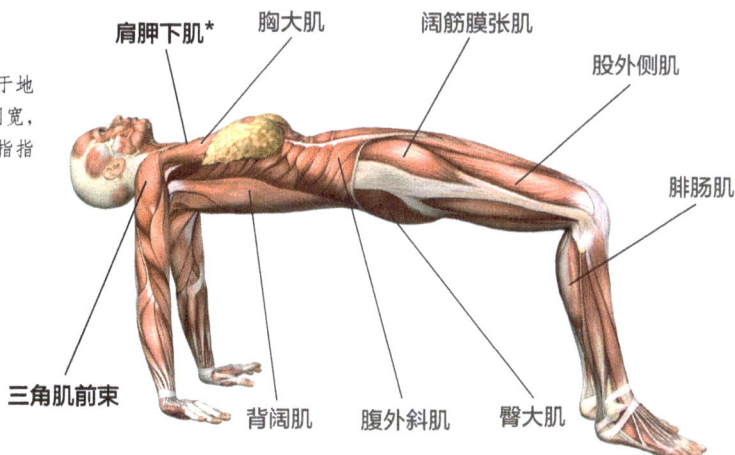

肩胛下肌*　　胸大肌　　　　　阔筋膜张肌

股外侧肌

腓肠肌

三角肌前束　　　背阔肌　　腹外斜肌　　臀大肌

益处

- 强化肩部和脊柱
- 增强上臂力量

有下列问题时不建议做此项练习

- 颈部问题
- 腕部疼痛

药球 - 靠墙画圈

1. 双腿标准跪姿，单手将药球固定在墙面上。
2. 保持核心稳定，用力向墙面按压药球，并使药球在墙面沿圆形轨迹移动。
3. 持续规定的时间后结束。对侧亦然。

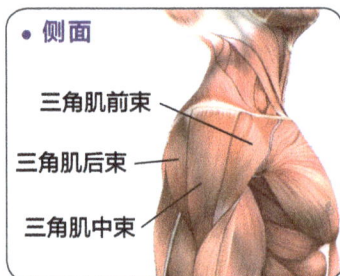

● 侧面

三角肌前束

三角肌后束

三角肌中束

保持背部挺直，腹部收紧，身体不要晃动。

滚动药球时控制好速度和区域，防止药球脱手。

始终保持用五指和掌心扶住药球滚动。

视角 转换

聚焦游泳

1. 本练习中手部的姿势模拟了游泳中的手臂动作。同时，本练习对所有泳姿中从抓水部分转移到拉动部分的快速转变是有帮助的。
2. 完成动作时，注意使用三角肌及肩袖肌群进行药球小幅度快速的移动，本练习能够增强肩胛骨稳定肌肉及肩袖肌肉的耐力，以辅助预防运动损伤。如果动作幅度过大，就会使用胸大肌和背阔肌的力量，这不是本练习的目标。

避免

1. 背部弯曲。
2. 躯干前倾或后仰。
3. 滚动药球的过程中五指上翘。

目标锻炼肌群

三角肌前束
三角肌中束
三角肌后束

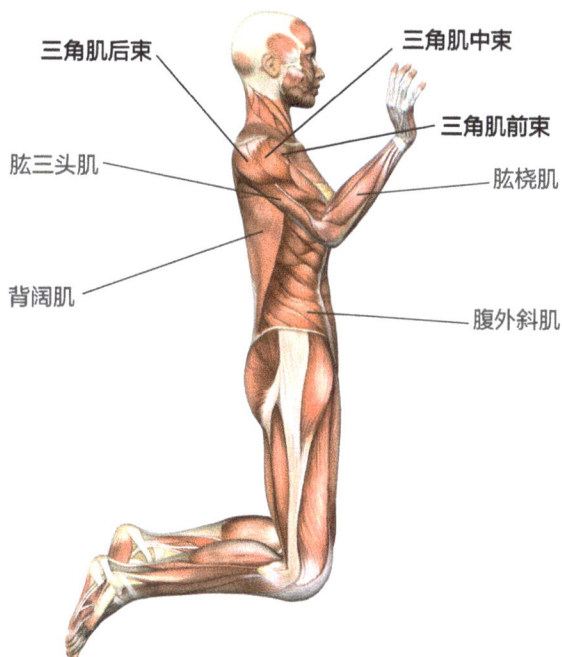

三角肌后束
三角肌中束
三角肌前束
肱三头肌
肱桡肌
背阔肌
腹外斜肌

益处	有下列问题时不建议做此项练习
• 强化肩带稳定性	• 肩部问题
• 增强上臂力量	• 腕部疼痛

第 4 章

胸部训练

俯卧撑－宽距

1. 俯卧撑姿，双手双脚撑地，双手距离比肩宽，手臂伸直，身体从头到脚踝呈一条直线。
2. 屈肘，身体下沉，至胸部几乎碰到地面。
3. 快速推起身体，恢复至起始姿势，重复规定的次数。

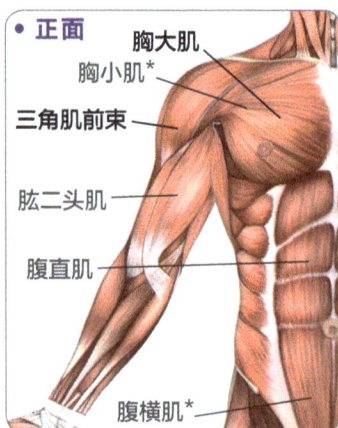

正面

胸大肌
胸小肌*
三角肌前束
肱二头肌
腹直肌
腹横肌*

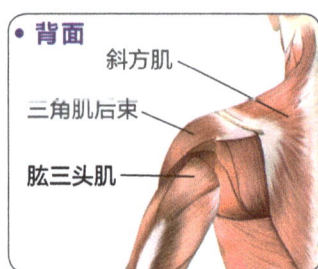

背面

斜方肌
三角肌后束
肱三头肌

颈部保持伸长、放松的状态。

收紧腹部和臀部以稳定身体。

双臂弯曲时身体几乎与地面平行。

视角转换

聚焦游泳

俯卧撑是一个非常有用的练习方法，因为它几乎不需要任何固定的设备就能进行。它对于增强游泳者的力量以及稳定性都是有好处的。作为一个力量练习动作，俯卧撑主要针对的是肱三头肌和胸大肌的力量，这两个肌群在四种泳姿的推动阶段都会使用到。另外，俯卧撑通过使肩关节处于一个闭链的位置来训练肩关节的一些稳定肌群（肩袖以及肩胛骨稳定肌群）。

避免

1. 运动过程中耸肩。
2. 运动过程中腿部弯曲着地。

难度降低
如果完成有困难，可以从双膝支撑开始练习。

目标锻炼肌群

胸大肌
肱三头肌
三角肌前束

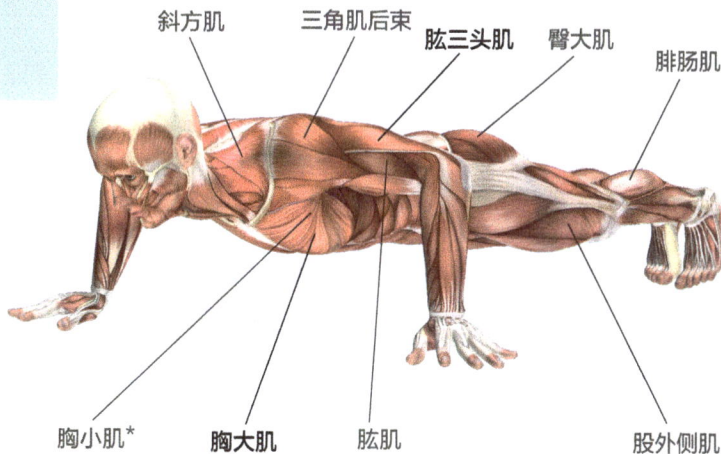

斜方肌　　三角肌后束　　**肱三头肌**　　臀大肌　　腓肠肌

胸小肌*　　**胸大肌**　　肱肌　　股外侧肌

益处

- 强化核心稳定性
- 强化肩部、背部、臀部以及胸肌

有下列问题时不建议做此项练习

- 肩部疼痛
- 手臂问题

俯卧撑 – 下斜

1. 俯卧撑姿，双脚脚尖撑在训练椅上，双手撑地，距离略比肩宽。
2. 屈肘，身体下沉，至胸部几乎碰到地面。
3. 快速推起身体，恢复至起始姿势，重复规定的次数。

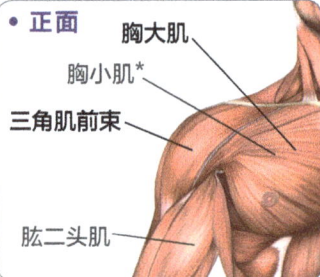

- 正面
胸大肌
胸小肌*
三角肌前束
肱二头肌

手臂伸直，头部到脚踝呈一条直线。

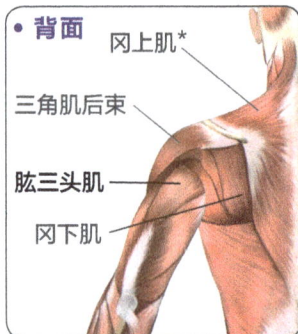

- 背面
冈上肌*
三角肌后束
肱三头肌
冈下肌

腹部收紧，保持身体稳定。

视角 转换

聚焦游泳

1. 身体姿势变化的目的是为了强化训练胸大肌（上部）和肱三头肌前束。脚抬得越高，这种改变越明显。这种改变所针对的胸大肌部分在蝶泳、自由泳和蛙泳的拉动阶段前半程中能够用到。
2. 身体姿势的变化以及在肩关节上施加额外的压力使本练习更具挑战性。所以只有那些在技术动作保持正确的情况下能够完成正常的俯卧撑动作的人，才可以继续进行本练习。逐步抬高脚的高度，是很好地进行本练习的过渡方法。

避免

1. 运动过程中耸肩。
2. 身体下沉时腿部弯曲。

目标锻炼肌群

胸大肌
肱三头肌
三角肌前束

变化练习

在瑞士球上进行本动作所针对的肌肉与前面相同，但是由于瑞士球自身的不稳定性更增加了训练的挑战性。这个动作可以通过增加瑞士球的充气程度，以及将脚趾作为唯一的支撑点而不是整个脚，使训练难度进一步加大。

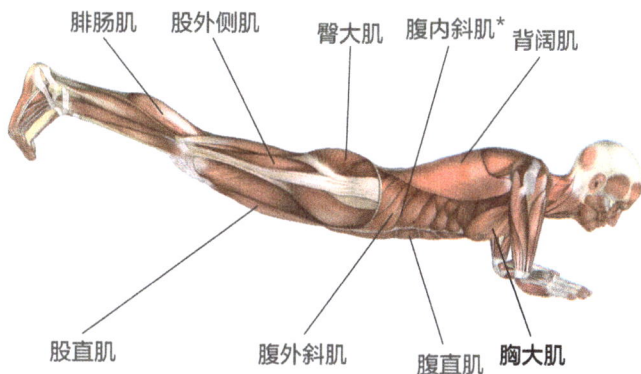

腓肠肌　股外侧肌　臀大肌　腹内斜肌*　背阔肌

股直肌　腹外斜肌　腹直肌　**胸大肌**

益处

- 强化核心稳定性
- 强化胸肌、肩部以及背部

有下列问题时不建议做此项练习

- 肩部疼痛
- 手臂问题

药球－平板支撑

俯卧撑姿，双脚脚尖撑地，双手撑在一个药球上，手臂伸直，保持核心收紧，静力支撑直至规定的时间。

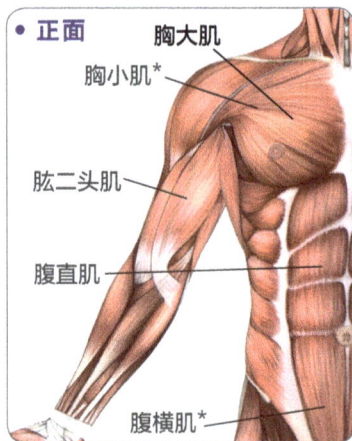

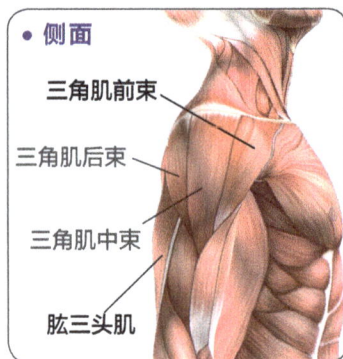

- 正面

胸大肌

胸小肌*

肱二头肌

腹直肌

腹横肌*

- 侧面

三角肌前束

三角肌后束

三角肌中束

肱三头肌

身体始终保持在一条直线上。

颈部保持伸长、放松的状态。

药球减少了双手支撑的面积，增加了动作难度。

聚焦游泳

对于那些可以在常规俯卧撑动作中持续保持正确的技术动作的人来说，加入药球是一种增加该练习难度的有效的方法。药球的不稳定特性，对肩关节和核心肌肉结构提出了更高的要求，因为它们必须对手锚定在一个不稳定的表面做出反应。另外，手部位置的变化允许本练习有更大的活动范围，通过更大的范围也可以增强肌肉的力量。

避免

1. 支撑过程中背部弓起。
2. 下背部及臀部下沉。

目标锻炼肌群

胸大肌
三角肌前束
肱三头肌

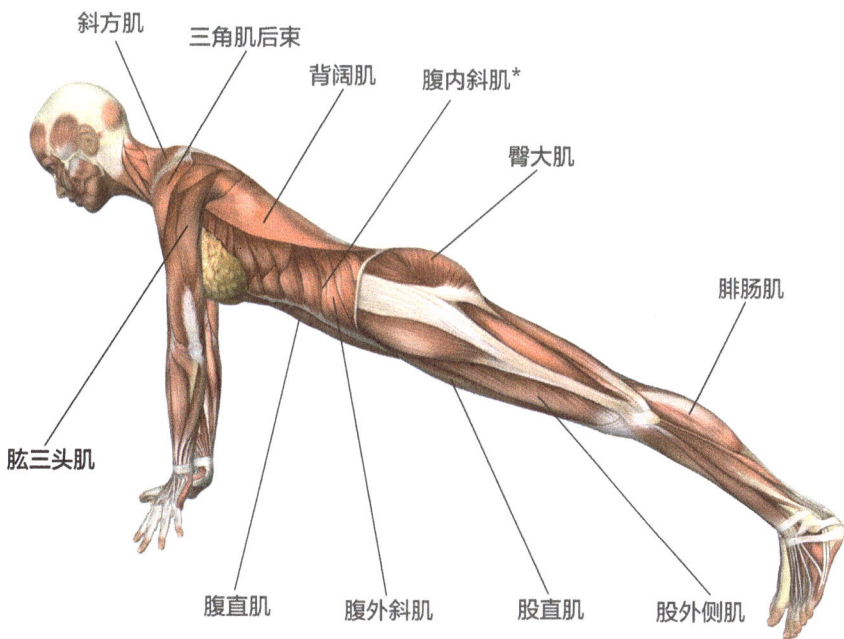

斜方肌　三角肌后束　背阔肌　腹内斜肌*　臀大肌　腓肠肌
肱三头肌
腹直肌　腹外斜肌　股直肌　股外侧肌

益处
- 强化核心稳定性
- 强化胸部、肩部以及背部

有下列问题时不建议做此项练习
- 颈部疼痛
- 腰背部疼痛

哑铃 – 上斜 – 双臂胸前推举

1. 将训练椅调节为上斜30到45度，仰卧在训练椅上，双手各握一个哑铃置于肩关节前。
2. 双臂同时向上推举哑铃，至双臂伸直。
3. 恢复至起始姿势，重复规定的次数。

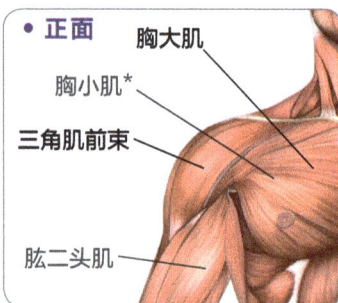

● **正面**

胸大肌

胸小肌*

三角肌前束

肱二头肌

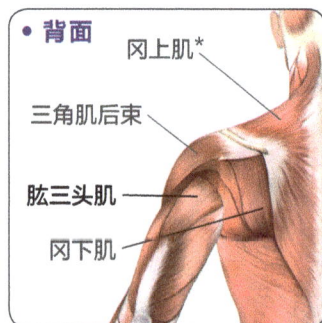

● **背面**

冈上肌*

三角肌后束

肱三头肌

冈下肌

利用胸部力量推举哑铃。

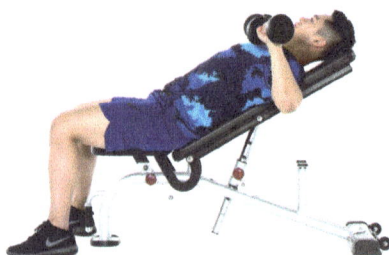

视角转换

聚焦游泳

本练习中上半身抬高了位置，练习重点主要针对胸大肌（上部）以及三角肌前束。将胸大肌的上部分离出来的好处是，它可在自由泳、蝶泳和蛙泳的拉动阶段起始时激活。

难度降低
1. 使用质量较轻的哑铃。
2. 放平训练椅的靠背。

难度增大
将训练椅换成瑞士球，不稳定平面可以同时锻炼核心肌群的稳定性。

避免

推举过程中背部过度伸展。

目标锻炼肌群

胸大肌
三角肌前束
肱三头肌

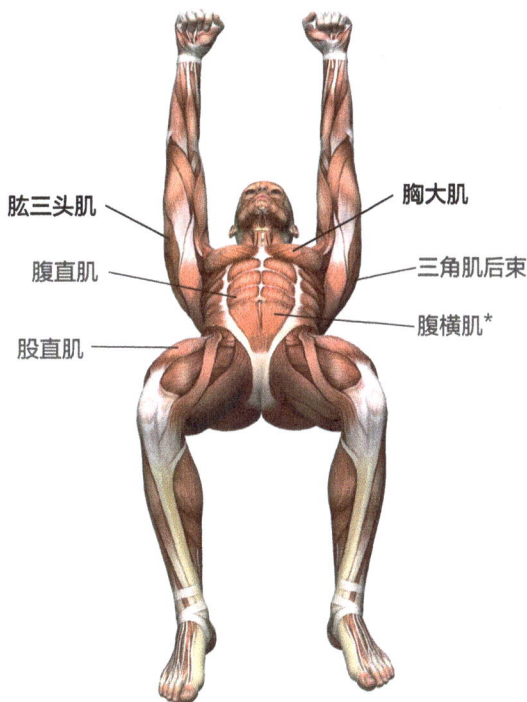

肱三头肌

腹直肌

股直肌

胸大肌

三角肌后束

腹横肌*

益处
· 增强胸部肌肉的力量，并增大其围度

有下列问题时不建议做此项练习
· 腕部疼痛
· 肩部疼痛
· 腰背部疼痛

哑铃 – 瑞士球 – 上斜 – 双臂推举

1. 仰卧在瑞士球上，双脚踩实地面，髋关节下落但不触地，使身体与地面呈一定的角度（约45度）。双手各握一个哑铃置于肩关节前。
2. 保持髋关节位置不变，双臂同时向上推举哑铃，至双臂伸直。
3. 恢复至起始姿势，重复规定的次数。

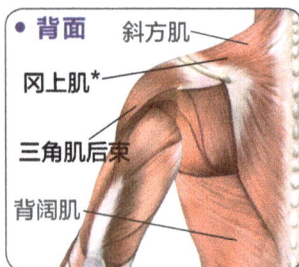

背面
斜方肌
冈上肌*
三角肌后束
背阔肌

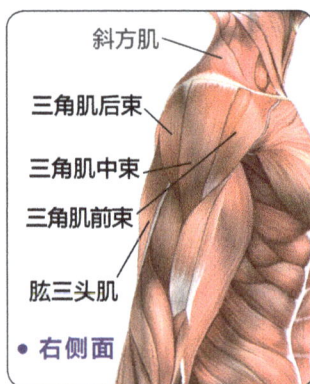

斜方肌
三角肌后束
三角肌中束
三角肌前束
肱三头肌
• 右侧面

双脚踩实地面。

收紧腹部，保持身体稳定。

视角 转换

聚焦游泳

此练习类似于锻炼上半身力量的哑铃胸前推举。上斜位置针对的是胸部肌群（主要是上胸部），比平放卧推更注重对三角肌前束和肱三头肌的训练。在瑞士球上进行，可以额外增加核心肌群的训练，同时增加稳定性。

避免

1. 向上推举哑铃时，背部过度伸展。
2. 臀部接触地面。

目标锻炼肌群

三角肌前束
三角肌后束
三角肌中束
胸大肌
胸小肌
冈上肌
肱三头肌

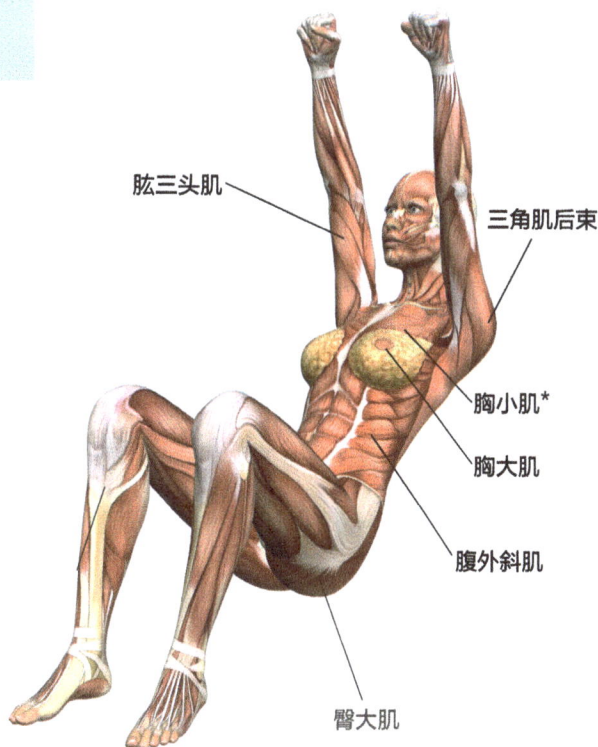

肱三头肌
三角肌后束
胸小肌*
胸大肌
腹外斜肌
臀大肌

益处

· 强化肩部和上背部

有下列问题时不建议做此项练习

· 肩部问题

TRX- 双臂胸前推

1. 双手正握TRX把手置于胸部正前方，距离略比肩宽，手臂伸直。保持躯干稳定，双腿伸直并拢，身体适当前倾，从头到脚呈一条直线，保证悬吊带斜挂绷直。

2. 保持躯干和下肢不动，弯曲肘关节，身体下沉，至肘关节呈90度夹角。快速推起身体，恢复至起始姿势，重复规定的次数。

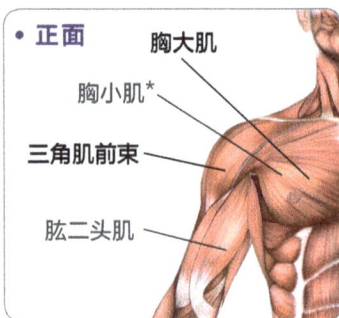

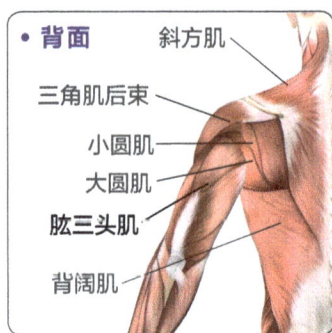

- **正面**
  - 胸大肌
  - 胸小肌*
  - **三角肌前束**
  - 肱二头肌

- **背面**
  - 斜方肌
  - 三角肌后束
  - 小圆肌
  - 大圆肌
  - **肱三头肌**
  - 背阔肌

保持膝关节伸直。

前推时双脚脚尖撑地。

聚焦游泳

1. 本练习针对的是胸大肌和肱三头肌，这两个肌肉在四种泳姿中都要用到，且主要是在拉动阶段。这个练习对蛙游特别有用。因为它非常形象地模拟了开始以及转身离墙的水下拉动动作的最后阶段。
2. 根据躯干弯曲的角度不同，本练习的重点可以从胸大肌转移到肱三头肌。身体向前倾时，更注重练习胸大肌，而当身体保持胸部向上的方向时，则更注重练习肱三头肌。

避免

1. 运动过程中塌腰或臀部翘起。
2. 运动过程中身体晃动。

目标锻炼肌群

胸大肌
三角肌前束
肱三头肌

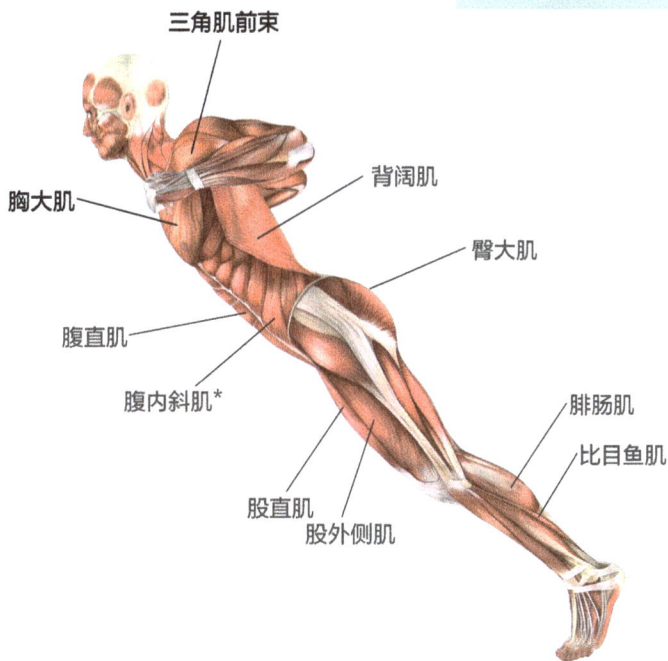

三角肌前束

胸大肌

背阔肌

臀大肌

腹直肌

腹内斜肌*

腓肠肌

比目鱼肌

股直肌

股外侧肌

益处

- 强化胸部，增强躯干力量
- 提高身体稳定性

有下列问题时不建议做此项练习

- 肩部问题
- 手腕疼痛

药球－过顶下砍

1. 基本站姿,双手握药球置于胸前。
2. 将药球从体前上举过头,最终举至头顶上方,通过髋部发力,带动躯干、肩部和手臂,把动力传递到球上。
3. 屈髋屈膝下蹲,并尽可能用最大力量快速向下砍。
4. 恢复至起始姿势,重复规定的次数。

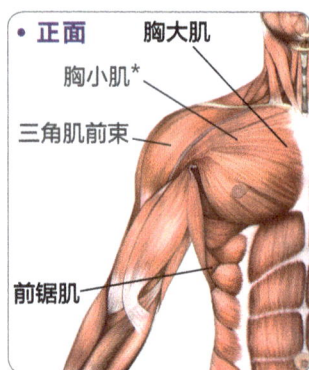

背部挺直,双眼目视前方。

肘部稍微弯曲。

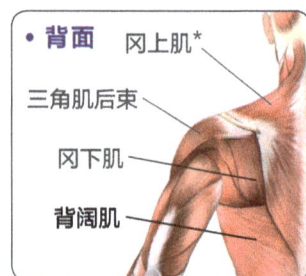

视角 转换

屈髋屈膝,降低身体重心。

聚焦游泳

1. 本练习是同时针对胸大肌和背阔肌爆发性的练习。它能够增强四种泳姿拉动阶段的起始部分的动作，对于手入水至肘部抬高动作之间的快速转换非常有用。
2. 本练习对蛙泳特别有好处，因为它模拟了在出发及每一个转身离墙的水下拉动动作。

避免

1. 运动中弓背或身体前倾。
2. 背部扭动幅度过大。

目标锻炼肌群

胸大肌
背阔肌
前锯肌

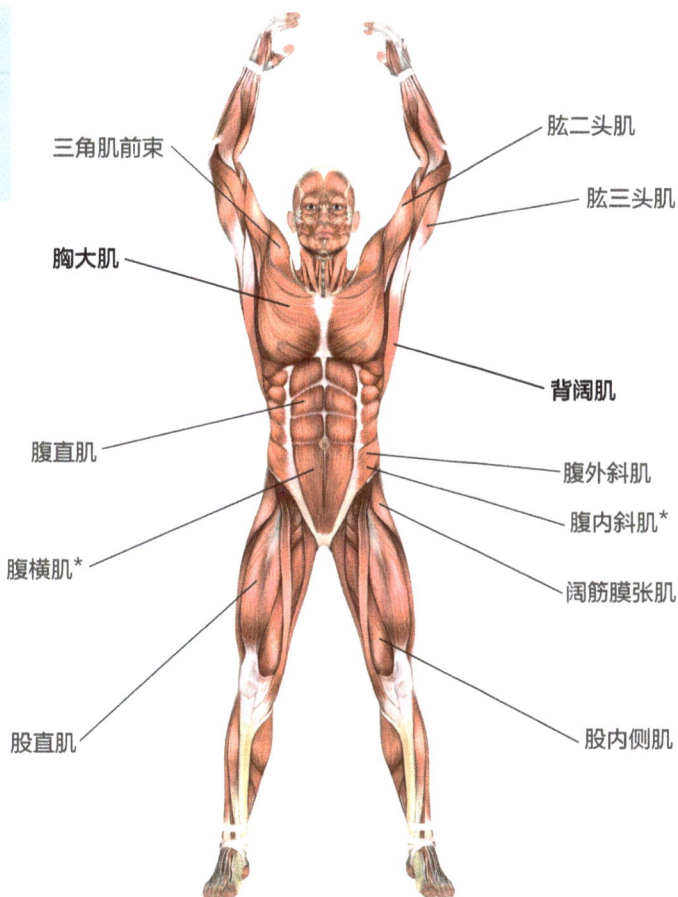

三角肌前束

胸大肌

腹直肌

腹横肌*

股直肌

肱二头肌

肱三头肌

背阔肌

腹外斜肌

腹内斜肌*

阔筋膜张肌

股内侧肌

益处	有下列问题时不建议做此项练习
· 有效调动前侧核心肌群	· 肩部问题 · 腕部疼痛

哑铃 – 仰卧 – 双臂飞鸟

1. 仰卧在训练椅上，双手握哑铃，掌心相对，双臂伸直，距离约与肩同宽。躯干与大腿呈一条直线。
2. 双臂打开，至肘部与肩部高度一致，做飞鸟动作。
3. 回到起始姿势，重复规定的次数。

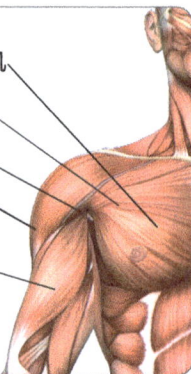

• 正面

胸大肌
胸小肌*
喙肱肌
三角肌前束
肱二头肌

背部挺直贴在训练椅上。

保持双脚踩实地面。

视角 转换

聚焦游泳

1. 本练习是增强胸部基础力量的典型训练动作，可以强化划水动作中胸部肌群的参与程度。
2. 本练习可以模拟仰泳姿势中胸部及手臂的发力情景，同时还可以强化胸部和手臂肌群，有助于增强游泳过程中划水或抱水的能力。

避免

1. 肩部抬高。
2. 身体离开训练椅。
3. 双手移动速度过快，哑铃不稳定。

目标锻炼肌群

胸大肌
三角肌前束

提高难度

将训练椅换成瑞士球，利用瑞士球的不稳定性提升动作难度。

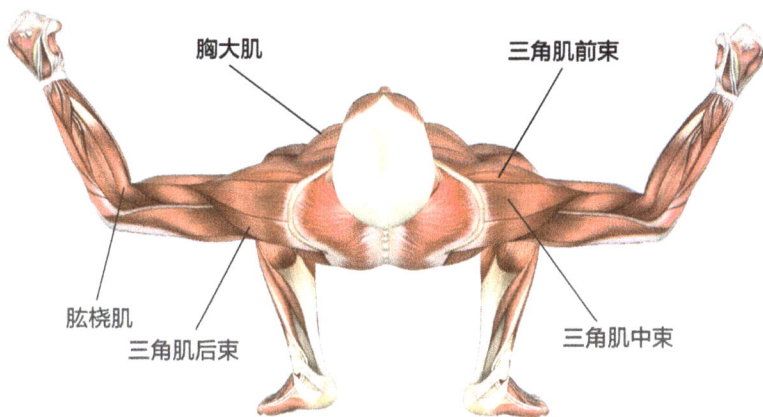

胸大肌　　三角肌前束

肱桡肌

三角肌后束　　三角肌中束

益处

- 强化胸部和手臂肌群

有下列问题时不建议做此项练习

- 肩部问题
- 腕部疼痛

瑞士球 – 下斜 – 垫球爬行

1. 双腿的大腿部位置于瑞士球上，双手撑地呈俯卧撑姿势，双手支撑于肩部正下方。
2. 保持身体稳定，双手交替向前爬行，同时，双脚调整球上位置，至双脚脚尖移动至球上，恢复至起始姿势，重复规定的次数。

• 正面

胸大肌
胸小肌*
肱二头肌
腹直肌
腹横肌*

保持身体从头到脚呈一条直线。

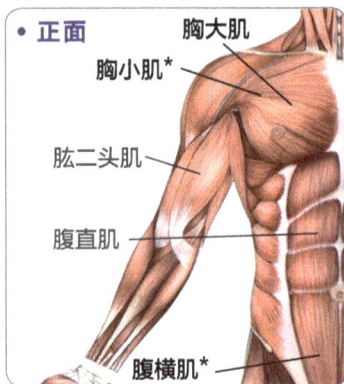

• 侧面

三角肌前束
三角肌后束
三角肌中束
肱三头肌

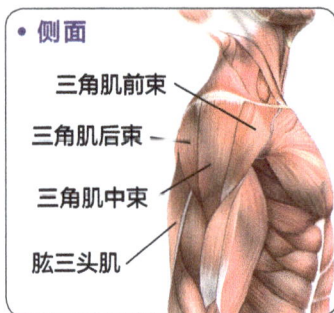

身体前进的同时用腿和脚控制瑞士球的滚动。

聚焦游泳

1. 本练习对于游泳者有很多好处。作为一个力量练习，它针对的是在四种泳姿拉动阶段都有重要贡献的胸大肌和肱三头肌。本练习要求肩关节、核心肌肉及髋关节稳定肌群的激活。这有助于预防损伤，保持身体在水中的流线型姿势。

2. 为了对本练习进行过渡，首先要练习瑞士球下斜平板支撑，当能够持续保持这样的姿势超过 60 秒时，则可以开始用手向前爬行。

避免

身体前倾使腕部
压力过大。

目标锻炼肌群

胸大肌
胸小肌
三角肌前束
三角肌中束
三角肌后束
肱三头肌
腹横肌

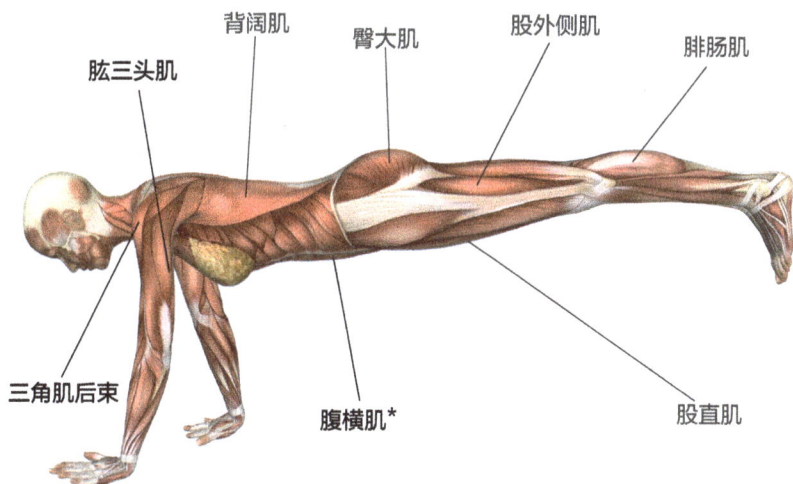

肱三头肌

背阔肌

臀大肌

股外侧肌

腓肠肌

三角肌后束

腹横肌*

股直肌

益处

· 有助于增强上肢稳
  定性

有下列问题时不建议做此项练习

· 肩部问题
· 下背部问题

第 5 章

腹部训练

BOSU 球 – 药球 – 稳定转体

1. BOSU球曲面向上放在地面，坐在球上，双手持药球置于身前，使躯干与大腿呈V字。
2. 将药球从身前移动到左侧髋关节。
3. 再将药球移动到右侧髋关节。
4. 恢复至起始姿势，重复规定的次数。

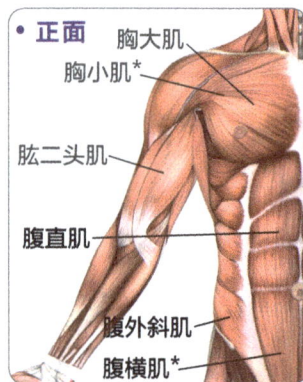

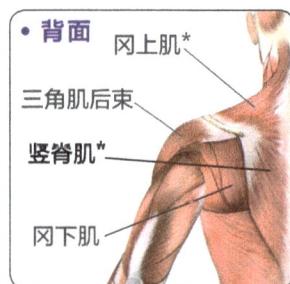

• **正面**
胸大肌
胸小肌*
肱二头肌
腹直肌
腹外斜肌
腹横肌*

颈部放松伸直。

• **背面**
冈上肌*
三角肌后束
竖脊肌*
冈下肌

控制身体平稳转动。

背部挺直。

脚跟始终悬空。

聚焦游泳

本练习不仅可以增强腹部肌群的力量，而且还可以有效提高运动员整个身体的核心肌群协调发力的能力和稳定性。核心肌群对游泳运动而言有其特殊的重要性，本练习利用药球和 BOSU 球进行训练对核心肌群的力量和控制能力提出了更高的要求，从而有助于运动员将核心肌群的训练效果转化到游泳成绩的提高上来。

避免

1. 运动过程中弓背、耸肩。
2. 身体扭转的速度过快。
3. 扭转过程中双膝和双脚同身体向一侧转动。

目标锻炼肌群

腹外斜肌
腹内斜肌
腹直肌
腹横肌
竖脊肌

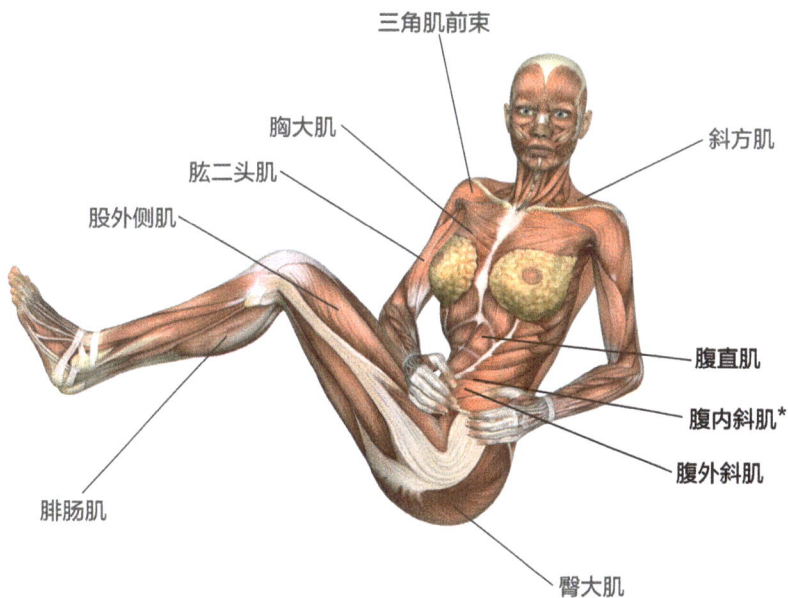

三角肌前束

胸大肌

肱二头肌

股外侧肌

斜方肌

腹直肌

腹内斜肌*

腹外斜肌

腓肠肌

臀大肌

益处

- 强化核心肌群
- 提高腹部肌肉和深层肌肉的稳定性

有下列问题时不建议做此项练习

- 腰背部疼痛

侧平板支撑 – 并腿

侧卧姿，双腿伸直并拢支撑于地面，右臂伸直，支撑的地面上，背部挺直，腹部收紧。完成动作至规定时间，恢复至起始姿势。对侧亦然。

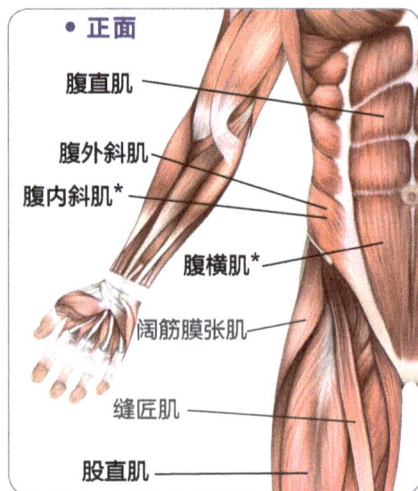

● **正面**

- 腹直肌
- 腹外斜肌
- 腹内斜肌*
- 腹横肌*
- 阔筋膜张肌
- 缝匠肌
- 股直肌

躯干抬起至身体呈一条直线。

撑地手的手指朝前。

聚焦游泳

1. 监测臀部以及下背部的姿势对于本练习非常重要。恢复至起始以及结束姿势时，身体从踝关节一直到头部必须始终保持一条直线。如果臀部开始下降，那么此时游泳者就需要注意收紧腹部肌肉。
2. 监测头部的位置对于本练习同样很重要，因为它会间接地影响下背部的姿势。如果头部与身体的其他部位不在一条直线上，那么保持正确的姿势就会非常困难。随着本练习熟练度增加，可以逐渐增加维持姿势的时间，可以从 30 秒增加到 45 秒。
3. 本练习重点在于学习如何控制腹部肌群，是一个非常好的综合性练习动作。这对于以流线型姿势出发和转身离墙时更好地保持臀部和下腰部的姿势来说非常重要，且无论哪种泳姿都需要掌握。

避免

1. 肩部的张力过大。
2. 运动过程中耸肩。

难度降低
将另一条空闲的手臂作为支架，协助身体向上抬高。

难度增大
身体侧卧时双腿分开。

目标锻炼肌群

腹外斜肌
腹内斜肌
腹直肌
腹横肌
前锯肌
股直肌

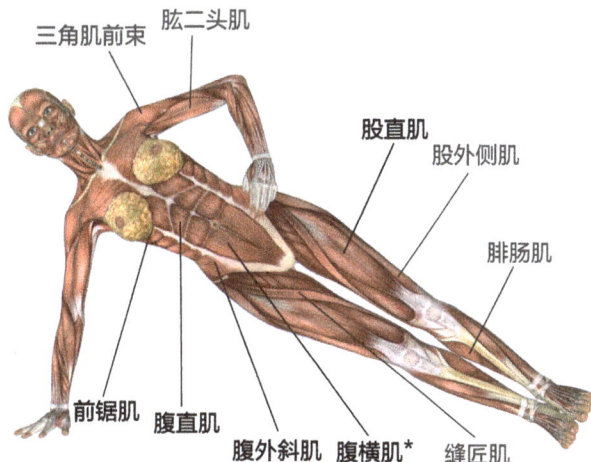

三角肌前束　肱二头肌

股直肌
股外侧肌
腓肠肌

前锯肌　腹直肌
腹外斜肌　腹横肌*　缝匠肌

益处
- 强化腹部、下背部和肩部
- 提高脊柱的柔韧性

有下列问题时不建议做此项练习
- 肩部问题
- 背部疼痛
- 肘部疼痛

BOSU 球 – 稳定两头起

1. BOSU球曲面向上放在地面，坐在球上，身体略后仰。
2. 屈膝屈髋，使膝关节向胸口方向移动，同时躯干向前挺直，使躯干与大腿呈V字。
3. 恢复至起始姿势，重复规定的次数。

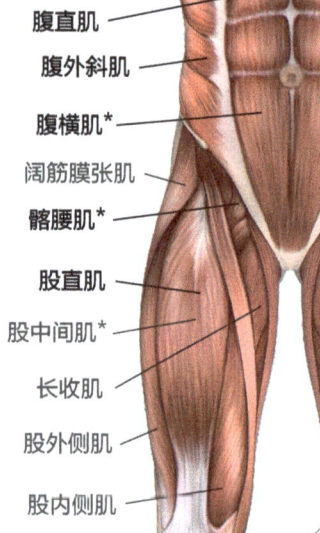

● 正面

- 腹直肌
- 腹外斜肌
- 腹横肌*
- 阔筋膜张肌
- 髂腰肌*
- 股直肌
- 股中间肌*
- 长收肌
- 股外侧肌
- 股内侧肌

呈流线型姿势，面部朝上。

双手前平举，直到手接近双膝。

视角 转换

伸直、放松颈部，减少上脊柱承受的压力。

恢复至起始姿势时呼气，慢慢后仰。

聚焦游泳

1. 本练习通过在很大的活动范围运动来加强腹直肌的力量，因此，它对于想要获得更快的空翻转身速度的自由泳运动员和仰泳运动员来说是一个非常有益处的练习。
2. 为了对所有的泳姿都有益处，要在每次重复时都保持绷紧的流线型姿势。准备动作时，避免上下摇摆手借力，这是一种作弊的方式。在重复本练习时，手和脚达到稳定姿势后，保持住流线型姿势并持续 3 到 4 秒，这样更具挑战性。

避免

1. 凭借一股冲力完成动作。
2. 屈髋时躯干过度弯曲。

目标锻炼肌群

腹直肌
腹横肌
腹外斜肌
腹内斜肌
髂腰肌
股直肌

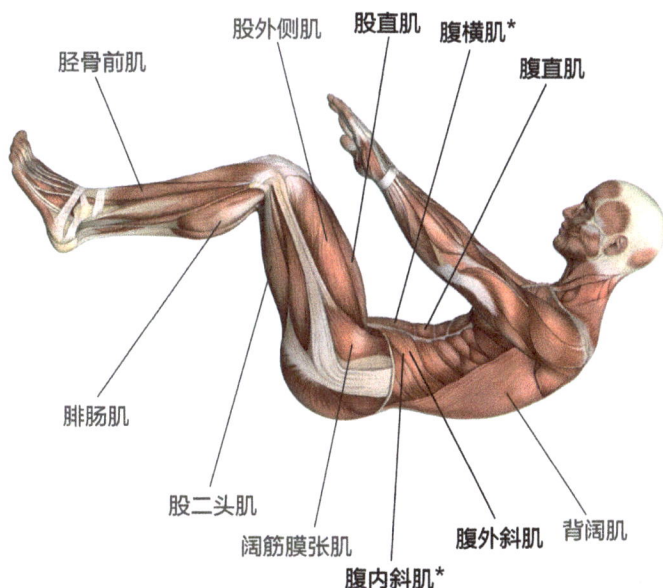

股外侧肌　股直肌　腹横肌*　腹直肌

胫骨前肌

腓肠肌

股二头肌

阔筋膜张肌

腹内斜肌*

腹外斜肌　背阔肌

益处

- 强化腹部、髋部及大腿
- 提高脊柱的柔韧性

有下列问题时不建议做此项练习

- 颈部损伤
- 头痛
- 腰背部疼痛

哑铃 - 瑞士球 - 仰卧 - 胸前卷腹

1. 仰卧在瑞士球上，身体呈臀桥姿势，胸前抱哑铃。
2. 靠下背部支撑瑞士球，抗阻卷腹。
3. 恢复至起始姿势，重复规定的次数。

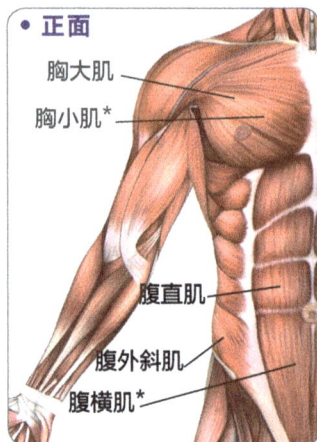

● 正面

胸大肌
胸小肌*
腹直肌
腹外斜肌
腹横肌*

颈部伸直放松，与躯干呈一条直线。

收紧腹部。

将颈部和双肩抬离瑞士球。

视角转换

始终保持髋部摆正，双脚踩实地面。

聚焦游泳

卷腹练习是核心肌群的基本练习动作之一，各种泳姿都会不同程度地使用核心肌群，比如自由泳或仰泳中保持身体位置和转动，蝶泳和蛙泳中控制身体起伏等。本练习是主要强化腹部肌群的练习动作，哑铃的使用和瑞士球的不稳定性增加了练习的难度，从而会更有助于提升核心肌群的力量和稳定性。

难度增大

双腿伸直，仰卧在瑜伽垫上，双臂位于头顶上方。用双臂和躯干抬高的动作代替抬腿的动作。身体继续向前弯曲，抓住双脚。

难度降低

1. 双手不拿哑铃，改合十于头后。
2. 平躺在瑜伽垫上进行练习。

避免

1. 运动过程中颈部后仰。
2. 臀部接触地面。
3. 卷腹时过度伸长躯干。

目标锻炼肌群

腹直肌
腹横肌
腹外斜肌
腹内斜肌

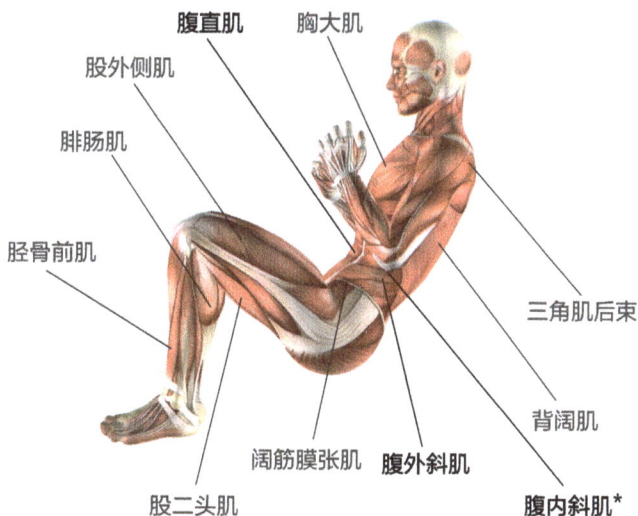

腹直肌　胸大肌
股外侧肌
腓肠肌
胫骨前肌
三角肌后束
背阔肌
阔筋膜张肌　**腹外斜肌**
股二头肌　　　　　　　　　**腹内斜肌***

益处	有下列问题时不建议做此项练习
• 强化躯干 • 提高骨盆和核心肌群的稳定性	• 颈部疼痛 • 背部疼痛

弹力带－跪姿卷腹

1. 跪在瑜伽垫上。弹力带中段固定在头上方的物体上，两端握在双手中。双手放在耳旁。
2. 向下卷腹。
3. 恢复至起始姿势，重复规定的次数。

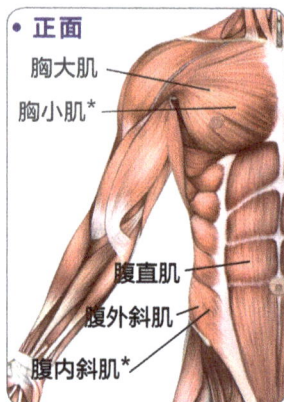

• 正面

胸大肌

胸小肌*

腹直肌

腹外斜肌

腹内斜肌*

双手手腕抵住头部。上半身躯干挺直。

屈髋，抵抗弹力带阻力俯身。

弹力带的阻力会使躯干向上抬。

双肘触碰到膝关节两侧。

视角 转换

聚焦游泳

1. 本练习能够在变化的阻力（变换弹力带）下进行。因此本练习通过改变重复的次数以及阻力，就可使训练重心从耐力练习变为力量练习。与本章中其他主要依靠身体重量为主的练习相比，本练习中变化的阻力是它的一个优点。

2. 本练习中的动作可以非常形象地模拟空翻转身时的动作，但是又由于它针对的所有腹部肌群有很大的活动范围，且阻力的变化范围大，所以本练习对四种泳姿都非常有用。

3. 为了从本练习中获得最大的益处，卷曲的动作非常重要，卷曲开始于上部躯干，一直向下到腰际。当进行本练习时，不要试图通过手来向下拉，这样会使目标肌肉从腹部肌肉转移，并会对关节和颈部的肌肉产生额外的压力。

避免

1. 动作一开始就移动髋部。
2. 运动时屏住呼吸。
3. 利用手臂的力量完成动作。

目标锻炼肌群

腹直肌
腹外斜肌
腹内斜肌
腹横肌

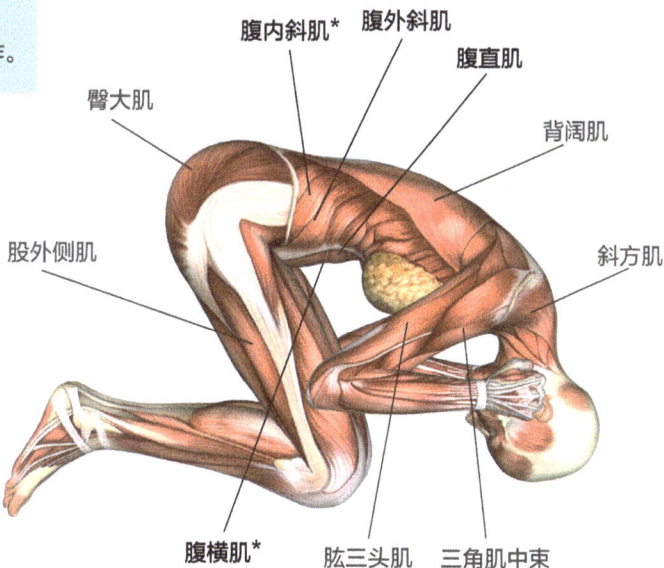

腹内斜肌*　腹外斜肌
臀大肌　　　　　　　腹直肌
　　　　　　　　　　　背阔肌
股外侧肌
　　　　　　　　　　　斜方肌
腹横肌*　　肱三头肌　三角肌中束

益处

- 增强背部的力量和灵活性

有下列问题时不建议做此项练习

- 背部疼痛

瑞士球 – 上斜 – 侧卧转肩

1. 侧卧于瑞士球上，侧腹部支撑，双脚前后开立固定在墙边（或固定物边），处于上面的脚在后，另一只脚在前，双腿伸直，双臂侧平举。
2. 保持腿部稳定，旋转躯干至面部朝上，双臂始终保持侧平举姿势。
3. 恢复至起始姿势。重复规定的次数，然后换至另一侧练习。

- **正面**

前锯肌

腹直肌

腹内斜肌*

腹外斜肌

腹横肌*

髂腰肌

股直肌

股外侧肌

股内侧肌

保持身体从头部至髋部呈一条直线。

上臂和躯干的动作一定要缓慢且有控制性地进行。

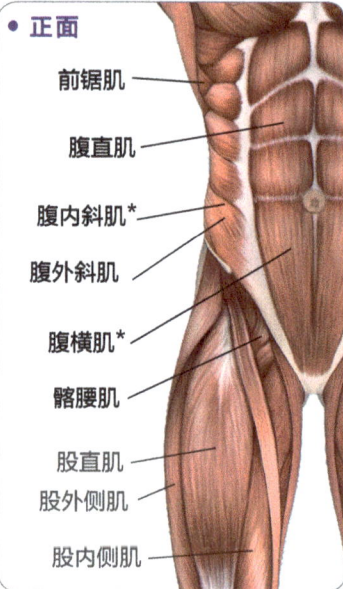

运动过程中保持躯干稳定。

聚焦游泳

本练习对于仰泳中核心肌肉的力量增强有直接作用。躯干旋转动作与仰泳中强调腹内斜肌和腹外斜肌的动作非常相似。通过双臂一致运动形成一个流线型姿势，本练习将动作重点转移到锻炼核心肌群的力量上，这些肌肉有助于在出发以及转身时保持身体的流线型姿势。

避免

1. 转肩过程中身体僵直。
2. 手肘弯曲。
3. 腿部随身体扭转而移动。

目标锻炼肌群

腹外斜肌
腹内斜肌
腹横肌
腹直肌
前锯肌
髂腰肌

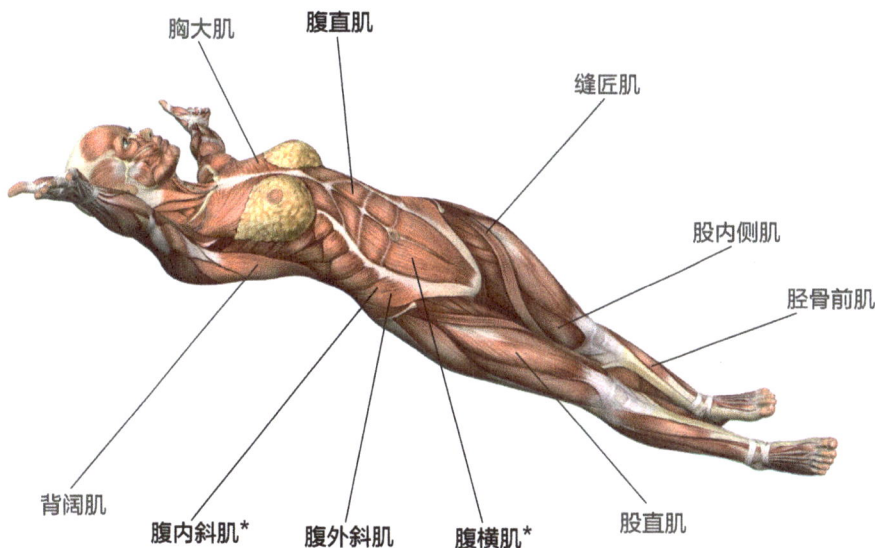

胸大肌　腹直肌　缝匠肌　股内侧肌　胫骨前肌

背阔肌　腹内斜肌*　腹外斜肌　腹横肌*　股直肌

益处

· 增强背部的力量和灵活性

有下列问题时不建议做此项练习

· 背部疼痛

哑铃 – 俄罗斯转体

1. 坐姿，膝关节微屈，双脚离地，双手握一个哑铃于胸前。
2. 将哑铃从胸前向身体右侧方向转移。
3. 再将哑铃转移向身体左侧。
4. 恢复至起始姿势，重复规定的次数。

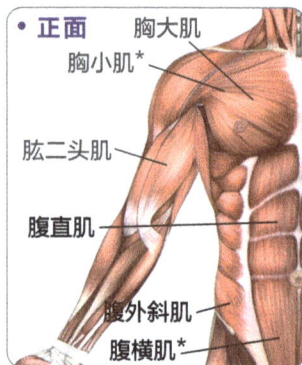

• **正面**　胸大肌

胸小肌*

肱二头肌

腹直肌

腹外斜肌

腹横肌*

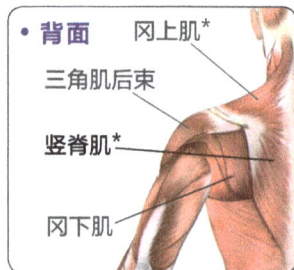

• **背面**　冈上肌*

三角肌后束

竖脊肌*

冈下肌

颈部放松伸直。

运动过程中颈部保持稳定，且头部不随动作扭动。

视角 转换

控制身体平稳地转动。

脚跟始终悬空。

保持背部平直。

聚焦游泳

1. 本练习是主要强化腹外斜肌和腹内斜肌的练习动作。在自由泳、仰泳中将上臂和腿的动作连接起来时，特别是在身体伸长的位置时，腹外斜肌和腹内斜肌特别重要。上半身旋转的动作与蝶泳和蛙泳中摆动式转身中的动作非常相似，因此本练习可以提高转身离墙的速度。
2. 为了保证练习的重点在腹部肌肉上，需要将哑铃握紧，靠近胸部。如果哑铃远离了胸部，并且碰到了地面，那么腹部肌肉就会被肩部的肌肉代偿。

避免

1. 运动过程中弓背、耸肩。
2. 身体扭转的速度过快。
3. 扭转过程中双膝和双脚同身体向一侧转动。

难度增加

哑铃换成药球，在 BOSU 球上进行俄罗斯转体练习。不稳定的平面可以训练核心肌群。

目标锻炼肌群

腹直肌
腹外斜肌
腹内斜肌
腹横肌
竖脊肌

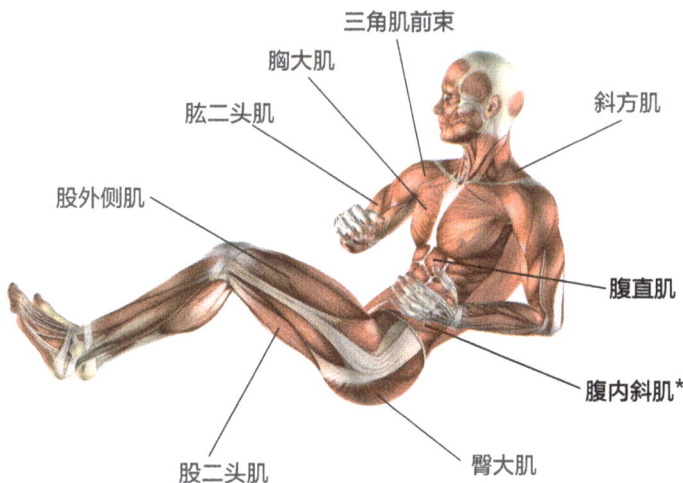

三角肌前束
胸大肌
肱二头肌
斜方肌
股外侧肌
腹直肌
腹内斜肌*
股二头肌
臀大肌

益处

• 强化核心肌群
• 提高身体稳定性

有下列问题时不建议做此项练习

• 腰背部疼痛

弹力带 - 旋转下砍

1. 将弹力带一端固定在体侧高处，双手握弹力带另一端，放在头部侧面，保持弹力带张力。双脚位置不动，身体转向弹力带一侧。
2. 躯干向对侧旋转同时双臂向对角线方向下砍。
3. 恢复至起始姿势，重复规定的次数。对侧亦然。

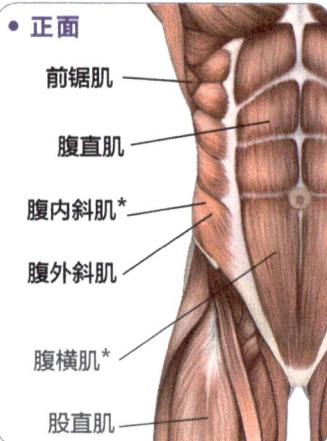

● **正面**

前锯肌

腹直肌

腹内斜肌*

腹外斜肌

腹横肌*

股直肌

颈部伸直，与躯干呈一条线。

双脚开立，大于肩宽。

目光随手臂移动。

下拉弹力带动作要迅速。

收紧核心。

恢复起始姿势时动作要缓慢。

聚焦游泳

1. 本练习开始时手臂和躯干处于一个拉伸及延长的姿势，有助于游泳者在四种泳姿开始拉动的阶段提高力量和自信。本练习同时强调了背阔肌和胸大肌的使用，可以帮助它们同腹部肌肉一起激活。这种肌肉的联合激活可以帮助游泳训练者通过手臂的移动与核心区域的连接，来获得更多的力量。
2. 进行本练习时，头部应该跟随手部的动作。这个动作将手臂同躯干的移动连接起来，反过来影响腹部肌肉。否则，就会使手臂产生代偿，从而会减少本练习的益处。

避免

1. 身体扭转的幅度过大。
2. 头部没有跟随手部动作转动。
3. 运动过程中忽然停止
4. 运动过程中弓背。

目标锻炼肌群

腹直肌
腹外斜肌
腹内斜肌
前锯肌
背阔肌
胸大肌

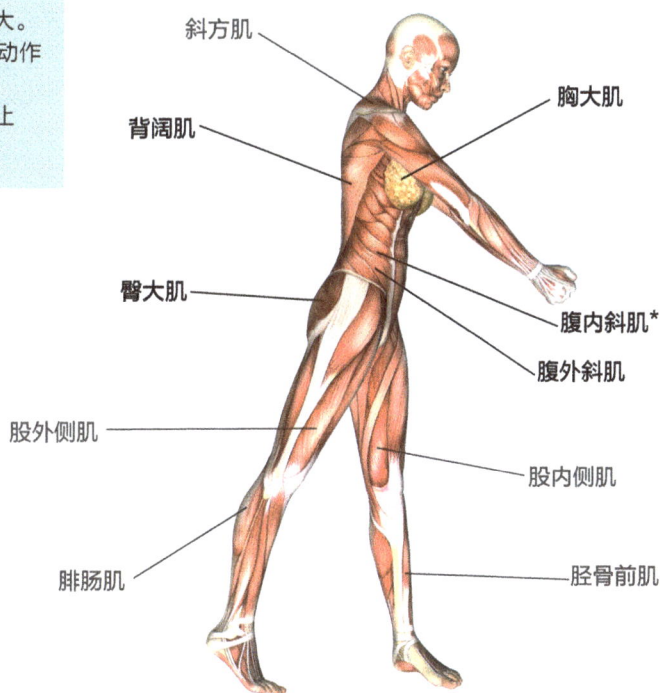

斜方肌
胸大肌
背阔肌
臀大肌
腹内斜肌*
腹外斜肌
股外侧肌
股内侧肌
腓肠肌
胫骨前肌

益处	有下列问题时不建议做此项练习
·强化腹斜肌	·下背部疼痛 ·肩部疼痛

瑞士球 – 跪姿前推

1. 跪在瑞士球前，双手按在球上，双手间距与髋同高。
2. 慢慢将瑞士球向前滚动，同时伸展身体，至最大幅度，保持背部平直，双膝稳定不动。
3. 利用腹部和下背部肌肉将球拉回至起始姿势。重复规定的次数。

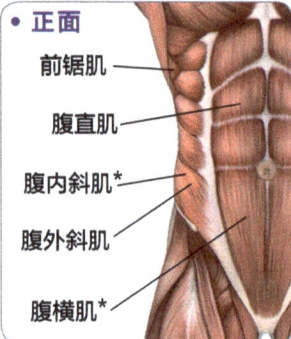

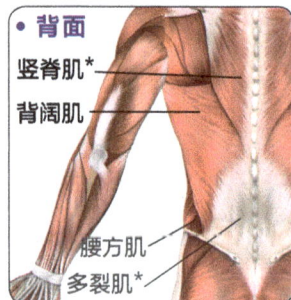

• 正面
- 前锯肌
- 腹直肌
- 腹内斜肌*
- 腹外斜肌
- 腹横肌*

• 背面
- 竖脊肌*
- 背阔肌
- 腰方肌
- 多裂肌*

准备运动前上半身挺直，脊柱保持在中立位。

整个运动过程中身体始终处于拉伸状态。

控制身体平稳地完成动作。

保持臀部上提。

收紧腹部。

在整个运动过程中背部保持挺直。

聚焦游泳

1. 这个主要针对核心肌群的力量练习动作对于蛙泳特别有益处。它可以帮助蛙泳运动员增强在拉动的起始阶段身体处于伸长姿势时的自信。另外本练习针对的是腹部肌群，能够有助于增强腹部肌群在蛙泳和蝶泳中身体起伏动作时力量的产生。

2. 为了使本练习得到最佳效果，必须全程保持脊柱中立位。如果出现臀部下沉或者背部弯曲的情况，说明训练者缺乏脊柱控制力。

避免

1. 运动过程中弓背。
2. 前推时手肘弯曲。
3. 前推时臀部放松下垂。

目标锻炼肌群

腹直肌
腹外斜肌
腹内斜肌
腹横肌
前锯肌
背阔肌
臀大肌

难度增大

通过改变前臂在瑞士球上的位置，可以调整本练习的难度。如果起始姿势时手和前臂低于球，更接近于地面，那么这个练习就会更难，因为必须将球滚动到离身体更远的位置。

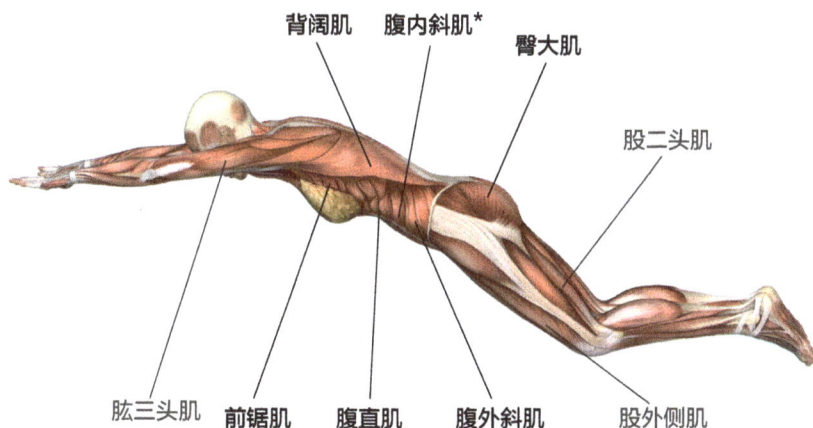

背阔肌　腹内斜肌*　臀大肌　股二头肌　肱三头肌　前锯肌　腹直肌　腹外斜肌　股外侧肌

益处
- 强化核心肌群

有下列问题时不建议做此项练习
- 腰背部问题
- 膝部问题

瑞士球 – 药球 – 俄罗斯旋转

1. 仰卧于瑞士球上，上背部接触球面，臀部收紧，髋部伸直。肩胛骨向内向下收紧，双臂伸直双手持药球置于胸部正上方。
2. 腹肌收紧，伸髋保持躯干、大腿与地面平行，向一侧转体直至双手与地面平行。
3. 缓慢恢复至起始姿势，换至对侧。以上步骤重复规定的次数。

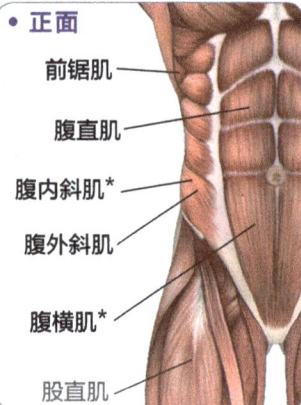

• 正面

- 前锯肌
- 腹直肌
- 腹内斜肌*
- 腹外斜肌
- 腹横肌*
- 股直肌

保持胸部、髋部和大腿呈一条直线。

转体时腹部及臀部收紧。

视角转换

聚焦游泳

1. 本练习中使用的旋转动作对于增强腹部斜肌的力量非常有效。这些肌肉能够加强在自由泳和仰泳中手臂和腿的连接。本练习还可以增强游泳者对臀部位置的感觉和控制，从而帮助那些在仰泳中保持臀部抬高存在困难的游泳者。
2. 本练习中动作的旋转角度取决于髋部是否能与躯干呈一条直线，也就是说，如果无法控制髋部的位置，肩部旋转的角度要尽量小一些。对于那些刚刚开始练习本动作或者是核心肌群力量较薄弱的练习者来说，最好采用循序渐进的方式进行练习，即控制旋转的动作很小或开始时保持臀桥的姿势 60 秒。随着练习的熟练程度增加，注意力可以转移为增加上半身旋转的动作，以及达到一定的重复次数。

避免

1. 在旋转上半身时手臂弯曲。
2. 运动过程中身体不稳。

目标锻炼肌群

腹外斜肌
腹内斜肌
腹横肌
腹直肌
前锯肌

变化练习

可以先向一侧重复旋转，然后再换向另一侧。

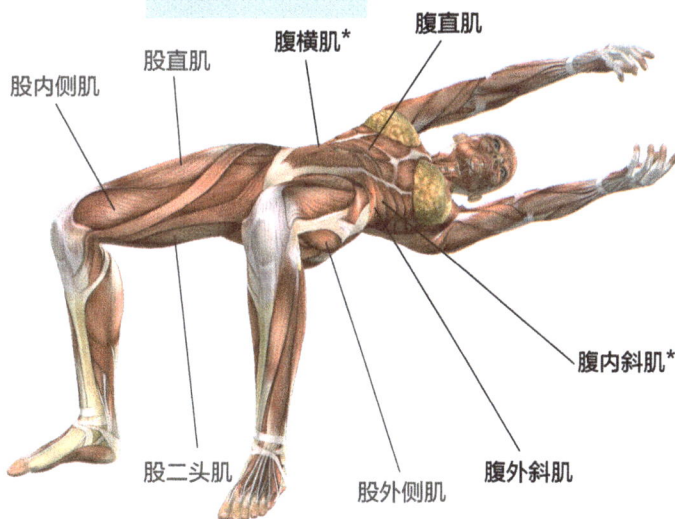

股内侧肌　股直肌　腹横肌*　腹直肌
腹内斜肌*
股二头肌　股外侧肌　腹外斜肌

益处

- 改善身体核心力量
- 强化核心稳定性

有下列问题时不建议做此项练习

- 颈部问题
- 腰背部疼痛

瑞士球 – 下斜 – 俯撑屈膝

1. 双脚脚背置于瑞士球上，双手撑地呈俯卧撑姿势，双手支撑于肩部正下方，保持身体从头到脚呈一条直线。
2. 屈膝尽量向胸部贴近，直至脚尖触及瑞士球顶部。
3. 恢复至起始姿势，重复规定的次数。

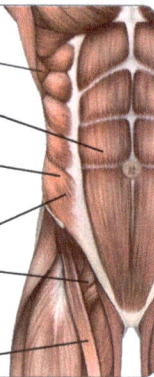

- **正面**
  - 前锯肌
  - 腹直肌
  - 腹内斜肌*
  - 腹外斜肌
  - 髂腰肌*
  - 缝匠肌

利用核心肌群稳定身体。

屈膝时背部挺直，腹部收紧。

运动过程中控制好速度，动作有控制且流畅。

保持双臂伸直。

聚焦游泳

1. 对于很多游泳者来说，单纯做到本练习的起始姿势都是一个挑战。起始姿势强调应该保持身体从头到脚呈一条直线。保持这个动作所训练的肌肉会大大增强在水中保持流线型姿势的能力。
2. 屈髋的动作使本练习的重点从一个普通的稳定性练习，变为同时针对腹直肌和屈髋肌群（股直肌和髂腰肌）的练习。通过这些组合肌肉练习，可以增强核心肌群与髋部屈肌的关联性，从而能够强化蛙泳和自由泳中髋部转动的动作。

避免

1. 屈膝时背部弓起。
2. 运动过程中肘部弯曲。

难度增大

试着将一条腿从球上抬起，增大难度。

目标锻炼肌群

腹直肌
股直肌
缝匠肌
髂腰肌
腹内斜肌
腹外斜肌
臀大肌

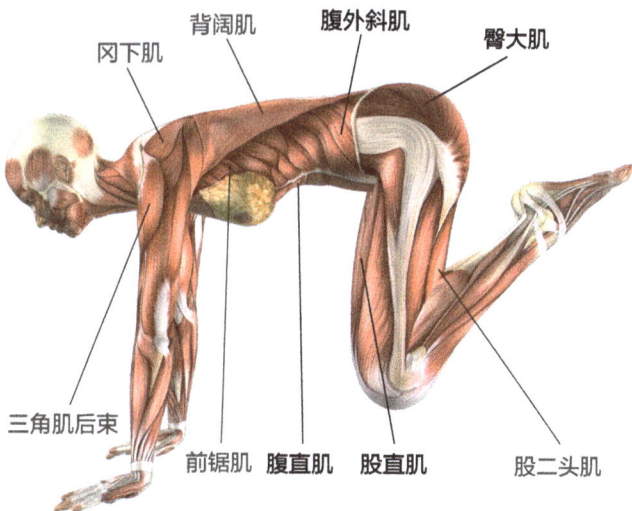

冈下肌　背阔肌　**腹外斜肌**　**臀大肌**

三角肌后束　前锯肌　**腹直肌**　**股直肌**　股二头肌

益处

· 强化髋部屈肌和核心肌群

有下列问题时不建议做此项练习

· 下背部疼痛
· 肩部疼痛

第 6 章

背部训练

哑铃 - 上斜 - 俯身 - 双臂后拉

1. 将训练椅调节为上斜30到45度的范围，胸部、腹部贴紧训练椅靠背，双手握哑铃自然下垂，掌心相对。
2. 肘关节贴近身体，双臂同时向后拉哑铃至身体两侧。
3. 恢复至起始姿势，重复规定的次数。

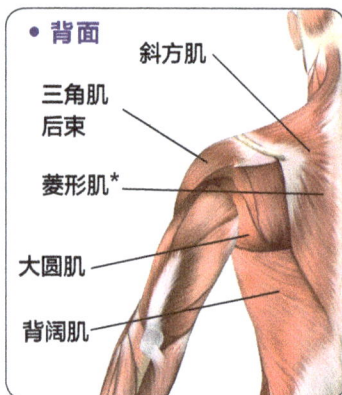

● 背面

斜方肌

三角肌后束

菱形肌*

大圆肌

背阔肌

背部挺直，颈部放松。

双脚脚尖踩实地面。

后拉手臂时贴近身体两侧。

运动过程中胸部贴紧训练椅靠背。

视角 转换

聚焦游泳

本练习主要锻炼手臂和上背部肌肉，可以提升运动员在划水时的力量和躯干上半部分身体的稳定性。

避免

1. 后拉时耸肩。
2. 手臂与身体的夹角过大。

目标锻炼肌群

背阔肌
三角肌后束
肱二头肌
肱肌
斜方肌
菱形肌
大圆肌

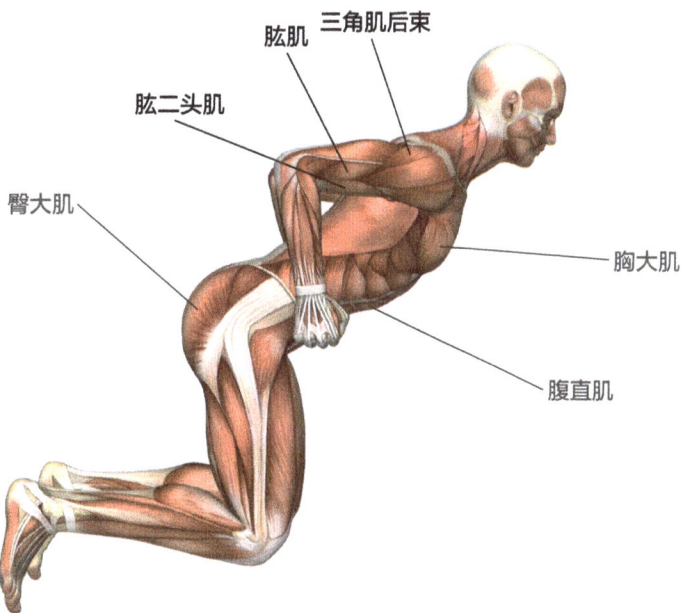

肱肌
三角肌后束
肱二头肌
臀大肌
胸大肌
腹直肌

益处

• 增强上背部和手臂的力量

有下列问题时不建议做此项练习

• 肩部问题

弹力带 – 站姿 – 斜角下拉

1. 弹力带中段固定在身前高处的物体上。基本站姿，双手握弹力带两端，斜45度举过头顶，并保持弹力带有一定的张力，双臂伸直。
2. 双臂同时向后下方拉至身体两侧。
3. 恢复至起始姿势，重复规定的次数。

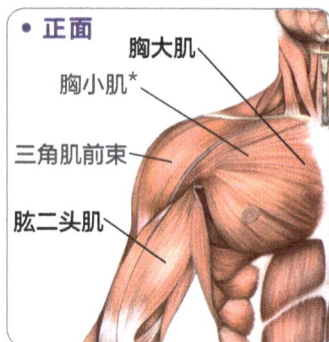

• **正面**

胸大肌
胸小肌*
三角肌前束
肱二头肌

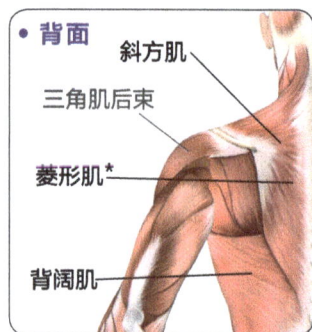

• **背面**

斜方肌
三角肌后束
菱形肌*
背阔肌

视角转换

聚焦游泳

背阔肌下拉是一个很全面的练习，它针对背阔肌，并对四种泳姿中的拉动阶段有帮助。虽然与引体向上的身体动作相似，但是背阔肌下拉的好处在于它的阻力是不断变化的，并不依靠于自身重量。当进行本练习时注意保持肘关节高位，从而尽可能地模拟拉动阶段中的抓水姿势。

避免

下拉弹力带时身体向后仰或前倾。

目标锻炼肌群

背阔肌
斜方肌
菱形肌
胸大肌
肱二头肌

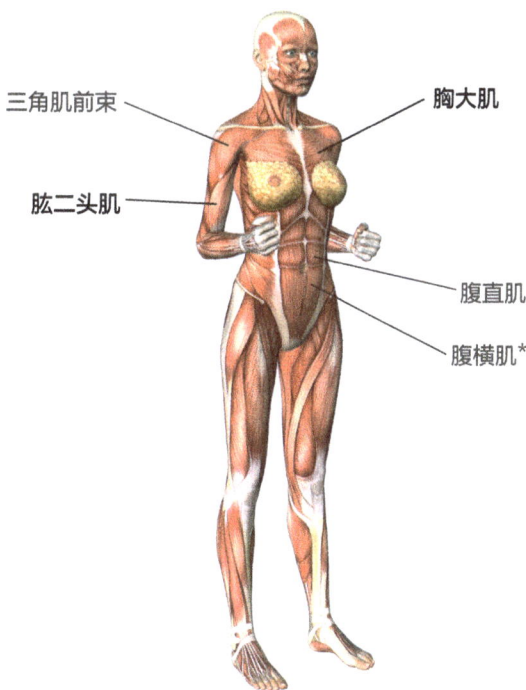

三角肌前束
肱二头肌
胸大肌
腹直肌
腹横肌*

难度增大

从站姿变换为跪姿，双膝支撑身体来增加身体平衡的难度。

益处

· 提高肩关节稳定性，增强肩部肌肉的力量

有下列问题时不建议做此项练习

· 下背部疼痛
· 肩部疼痛

弹力带－瑞士球－坐姿－双臂后拉

1. 弹力带中段固定在身前物体上。坐在瑞士球上，双手握住弹力带两端，双臂前平举。
2. 双臂同时后拉至身体两侧。
3. 恢复至起始姿势，重复规定的次数。

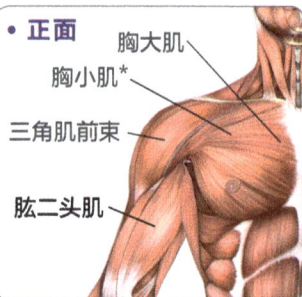

- **正面**　胸大肌
　　　　　胸小肌*
　　　三角肌前束
　　　肱二头肌

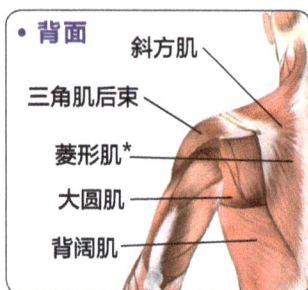

- **背面**　斜方肌
　　　三角肌后束
　　　　菱形肌*
　　　　大圆肌
　　　　背阔肌

双脚分开踩实地面，为身体增加稳定性。

双臂后拉时收紧肩带，同时保持背部挺直。

视角 转换

聚焦游泳

本练习使身体处于不稳定的瑞士球上，可以额外增加运动的难度。同时使用不同的阻力可以将训练重点转向不同的肌肉。较轻的阻力，允许肩胛骨收缩的角度更大，因此更加注重于大菱形肌、小菱形肌和斜方肌的锻炼。相反地，增加阻力会对背阔肌有更高的要求，但同时，会削弱肩胛骨收缩的程度。为了将肩带和上臂肌肉分离独立训练，在进行本练习时应避免背部向后靠。

避免

1. 身体在后拉弹力带时前倾或后仰。
2. 运动过程中出现弓背现象。

目标锻炼肌群

背阔肌
斜方肌
菱形肌
大圆肌
三角肌后束
肱二头肌

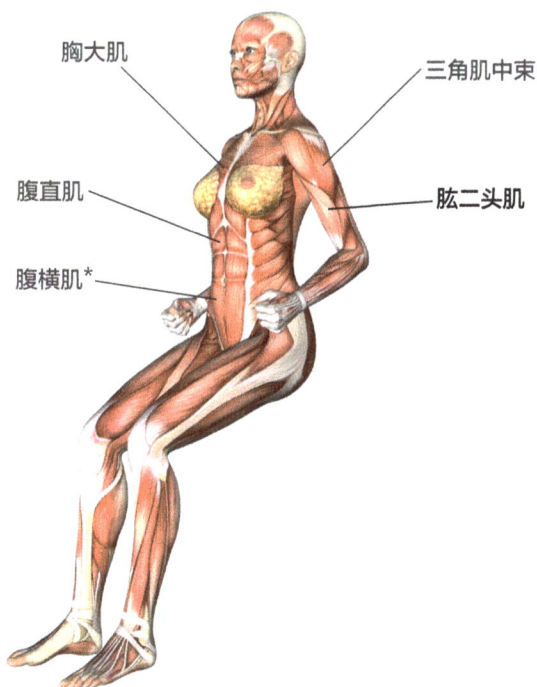

胸大肌

三角肌中束

腹直肌

肱二头肌

腹横肌*

益处	有下列问题时不建议做此项练习
·强化肩部及背部肌肉	·下背部疼痛 ·肩部疼痛

哑铃 – 训练椅 – 半跪 – 单臂后拉

1. 同侧手、膝支撑在训练椅上，另一只脚支撑地面，单手握哑铃自然下垂。
2. 单臂后拉至身体一侧。
3. 恢复至起始姿势，重复规定的次数。

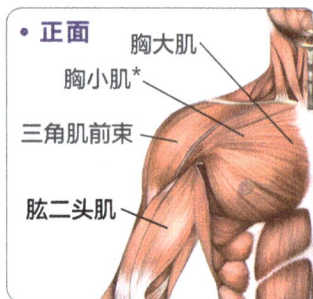

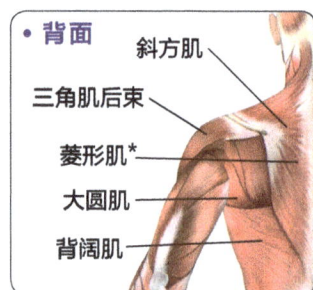

• 正面
胸大肌
胸小肌*
三角肌前束
肱二头肌

背部挺直。

• 背面
斜方肌
三角肌后束
菱形肌*
大圆肌
背阔肌

提起哑铃时向后夹紧肩胛骨，肘关节尽量抬高。

恢复至起始姿势时控制动作的速度变缓慢。

聚焦游泳

本练习对于想要增强蛙泳后半程拉动力量的游泳者非常有用。这也是一个非常好的全面训练动作。本练习可用来增强背阔肌的力量，任何一个游泳者都可以使用。当使用一个较轻的哑铃进行本练习时，更多的是针对肩胛骨的收缩肌肉。而使用较重的哑铃就将重心转移到背阔肌。

避免

1. 运动过程中出现低头、弓背。
2. 提起哑铃的速度过快。
3. 划举时肘部离躯干太远。

目标锻炼肌群

背阔肌
斜方肌
菱形肌
大圆肌
三角肌后束
肱二头肌
肱肌

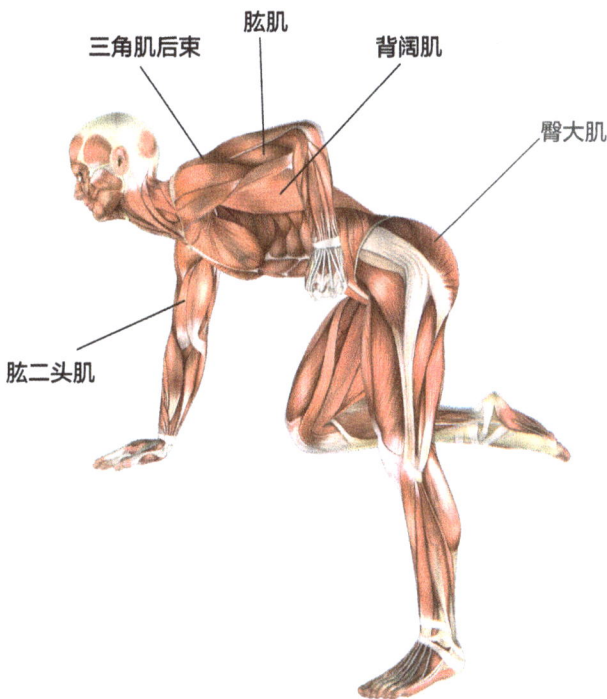

三角肌后束
肱肌
背阔肌
臀大肌
肱二头肌

益处	有下列问题时不建议做此项练习
• 强化肩部及背部肌肉	• 背部问题

俯卧 - 上身抬起

1. 俯卧姿，双臂自然放于身体两侧，双腿分开
   与髋同宽。
2. 两侧肩胛骨向内靠拢，后背发力将上身抬离
   地面。
3. 恢复至起始姿势，重复规定的次数。

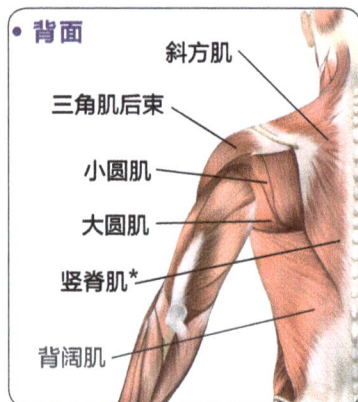

背面

斜方肌

三角肌后束

小圆肌

大圆肌

竖脊肌*

背阔肌

颈部放松，用下巴
支撑头部。

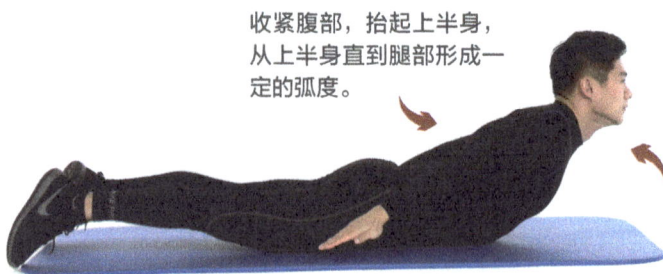

收紧腹部，抬起上半身，
从上半身直到腿部形成一
定的弧度。

吸气，打开胸
腔，收紧腹部
及臀部。

保持呼吸平稳，将上半身
缓慢地放回地面。

聚焦游泳

1. 本练习所针对的主要和次要肌肉对于在四种复杂的泳姿中遇到的许多问题都有帮助。蝶泳和蛙泳的游泳者在水中有必需的起伏动作或者波浪状的身体动作，增强完成这部分动作的肌肉力量对游泳者更好地完成动作是有益的。
2. 本练习有助于增强水下海豚踢动作的力量，同时，还可以强化游泳者在伸展为流线型姿势离开跳台，或者在仰泳中离开墙进入水中的动作。

避免

1. 完成动作过于匆忙。
2. 上半身抬起时脚部和小腿完全离开地面。

目标锻炼肌群

竖脊肌　大圆肌
斜方肌　小圆肌
臀大肌　三角肌后束

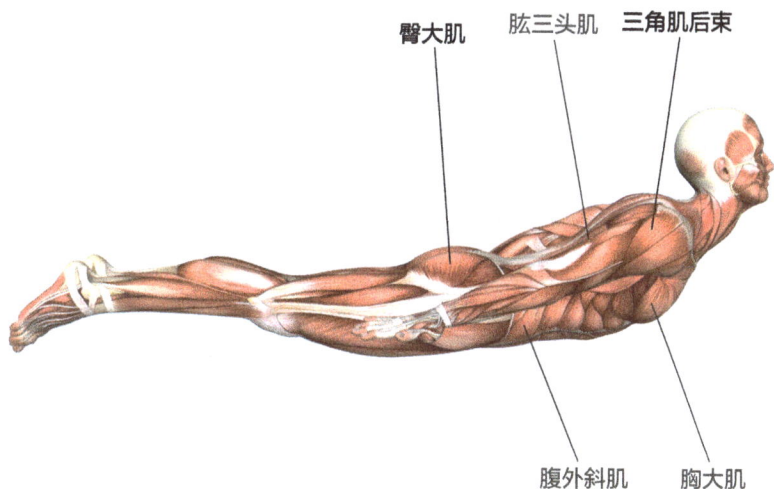

臀大肌　肱三头肌　**三角肌后束**

腹外斜肌　胸大肌

益处
- 打开胸腔
- 强化背部肌肉

有下列问题时不建议做此项练习
- 颈椎问题
- 下背部问题

瑞士球－俯卧－背部伸展静力

俯卧在瑞士球上，腹部贴球支撑，脚尖蹬地。背部挺直，胸部不要贴球。双侧肩胛骨收紧，双臂伸直向髋部抬起，手臂与躯干约呈30度。保持姿势至规定的时间。

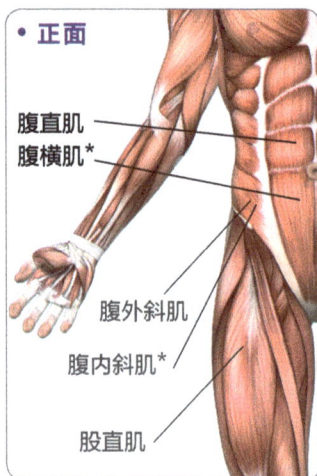

• 正面

腹直肌
腹横肌*
腹外斜肌
腹内斜肌*
股直肌

先收紧肩胛骨再抬起手臂。

背部挺直。

臀部收紧。

视角转换

聚焦游泳

本练习可以提高上背部肌肉的等长收缩的能力，同时瑞士球的使用增加了不稳定因素，可以有效改善身体的平衡能力，并能够起到预防背部损伤的作用。

避免

1. 胸部贴在瑞士球上。
2. 运动过程中身体晃动或瑞士球不稳定。

目标锻炼肌群

竖脊肌
三角肌后束
斜方肌
菱形肌
大圆肌
小圆肌
腹直肌
腹横肌

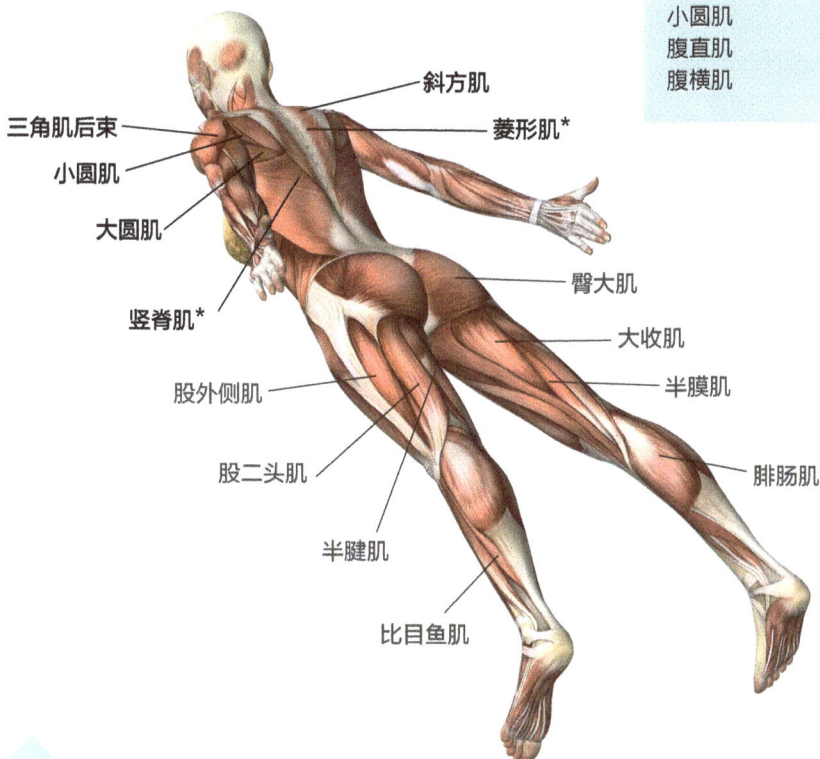

斜方肌

三角肌后束

菱形肌*

小圆肌

大圆肌

臀大肌

竖脊肌*

大收肌

股外侧肌

半膜肌

股二头肌

腓肠肌

半腱肌

比目鱼肌

益处

• 强化背部伸肌和腹部肌群

有下列问题时不建议做此项练习

• 肩部问题
• 背部疼痛

哑铃 – 站姿 – 肩关节外旋

1. 基本站姿，双手握哑铃，上臂与地面平行，前臂下垂掌心向后。
2. 外旋肩关节，使哑铃向上。
3. 恢复至起始姿势，重复规定的次数。

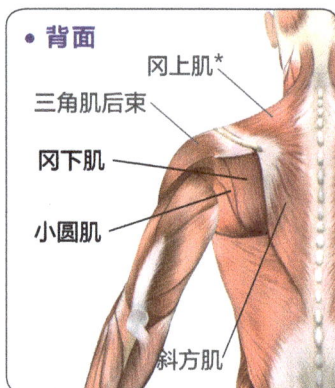

● 背面

冈上肌*

三角肌后束

冈下肌

小圆肌

斜方肌

保持背部挺背，腹部收紧，身体稳定。

双臂向上外旋时保持双臂水平。

恢复至起始姿势时依然保持掌心向后。

视角 转换

聚焦游泳

本练习主要是针对冈下肌和小圆肌的训练。可以提高游泳运动员的肩后部肌群的力量，发展小肌群的稳定能力，同时可以有效预防肩部损伤，增强手臂的划水能力。

避免

1. 运动过程中耸肩。
2. 运动过程中哑铃左右晃动。

目标锻炼肌群

冈下肌
小圆肌

难度降低

将哑铃换为弹力带。双臂与地面平行，双手握弹力带两端外旋，保持上肢水平。

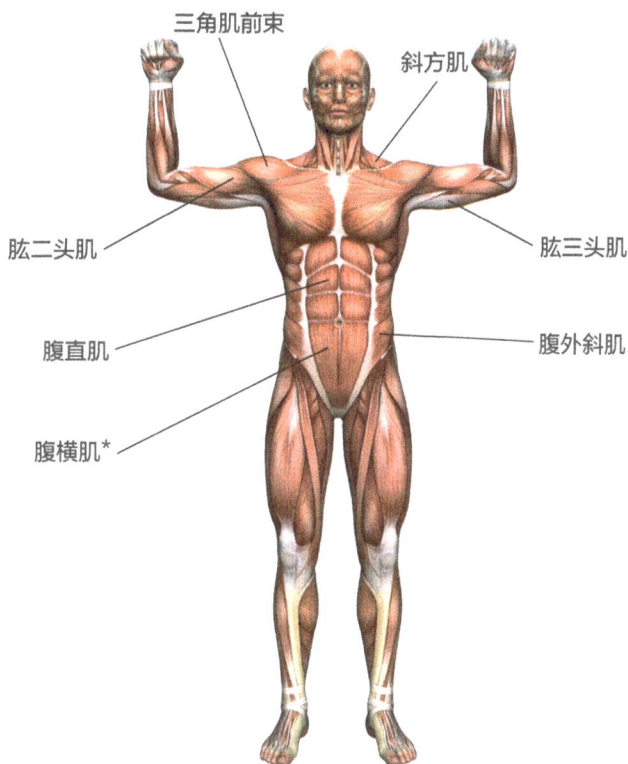

三角肌前束

斜方肌

肱二头肌

肱三头肌

腹直肌

腹外斜肌

腹横肌*

益处

- 提高肩部稳定性
- 提升划水效率

有下列问题时不建议做此项练习

- 肩部问题
- 肘部疼痛

瑞士球－仰卧－直腿挺髋

1. 仰卧在瑜伽垫上，双腿置于瑞士球上，双手放于身体两侧。
2. 双腿伸直，勾起双脚，臀部肌肉收缩且髋部抬起，直至肩部、躯干、双腿呈一条直线。
3. 在最高点保持3到5秒，恢复至起始姿势，重复规定的次数。

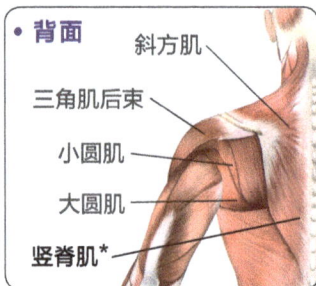

• 背面
斜方肌
三角肌后束
小圆肌
大圆肌
竖脊肌*

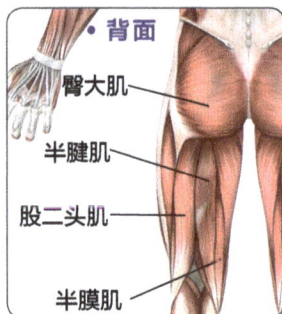

• 背面
臀大肌
半腱肌
股二头肌
半膜肌

在将臀部抬起离开地面之前，应该稳定核心。

收紧腹部。

肩部及上背部下沉支撑地面。

下背部和腰部挺起后形成一个自然的弧度。

缓慢有控制地回到起始位置。

聚焦游泳

1. 本练习不仅能够有效强化竖脊肌，还可以很好地激活臀部、核心肌群和腘绳肌（股二头肌、半腱肌、半膜肌）。虽然在进行本练习时面部是朝上的，但是加强的肌肉能够帮助游泳者在蝶泳、蛙泳和海豚踢中高质量地完成身体的起伏动作。
2. 通过改变脚在球上的位置可以调整本练习的难度。脚与球接触的范围越小，练习的难度就会越大。当只有脚跟与球顶部进行接触时，练习的难度最大。

避免

1. 挺髋时绷紧肩部和颈部。
2. 身体不稳定使瑞士球晃动。

目标锻炼肌群

竖脊肌
臀大肌
股直肌
股二头肌
半腱肌
半膜肌

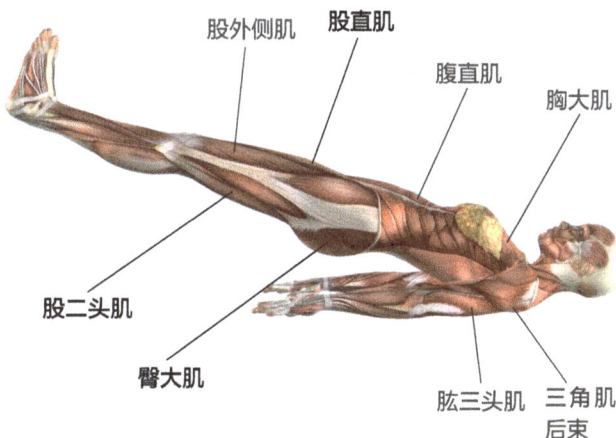

难度增大

起始姿势同本练习一样，收臀抬髋，将身体撑起后屈膝抬起一条腿。

股外侧肌　股直肌
腹直肌
胸大肌
股二头肌
臀大肌
肱三头肌　三角肌后束

益处

- 提高骨盆和核心肌群的稳定性
- 强化背部、臀部和下肢肌群

有下列问题时不建议做此项练习

- 肩部问题
- 头部问题
- 颈部问题

第 7 章

腿部训练

壶铃 – 颈后深蹲

1. 双手握壶铃柄，将壶铃放在颈后，双脚分开，距离约与肩同宽。
2. 从髋部开始动作，向下深蹲。
3. 蹬直双腿，恢复至起始姿势，重复规定的次数。

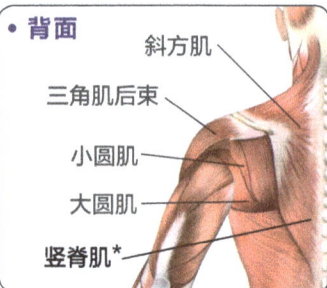

- **背面**
  - 斜方肌
  - 三角肌后束
  - 小圆肌
  - 大圆肌
  - **竖脊肌***

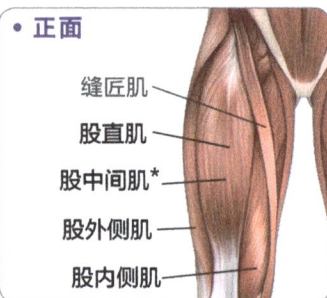

- **正面**
  - 缝匠肌
  - **股直肌**
  - **股中间肌***
  - **股外侧肌**
  - **股内侧肌**

下蹲到最低点时大腿与地面平行。

膝关节与脚尖朝向一致。

始终保持背部挺直，双脚水平开立。

视角 **转换**

聚焦游泳

下蹲练习是一个非常好的全面的练习动作，因为它几乎使用了下肢的所有主要的肌群。无论在哪一种泳姿中，膝关节伸直力量的增加都可以促进踢腿动作的力量和耐力。臀部肌肉的加强，特别是臀大肌，能够有助于增加在蛙泳的踢腿动作时髋部伸直所产生的力量。颈后深蹲的动作模式可以让训练者更好地挺直背部，同时增加下肢蹲起的负荷。

避免

1. 运动过程中出现低头、弓背。
2. 过于匆忙地完成动作。
3. 下蹲时膝关节过度前伸，超过脚尖。

目标锻炼肌群

股中间肌
股外侧肌
股内侧肌
股直肌
臀大肌
股二头肌
竖脊肌

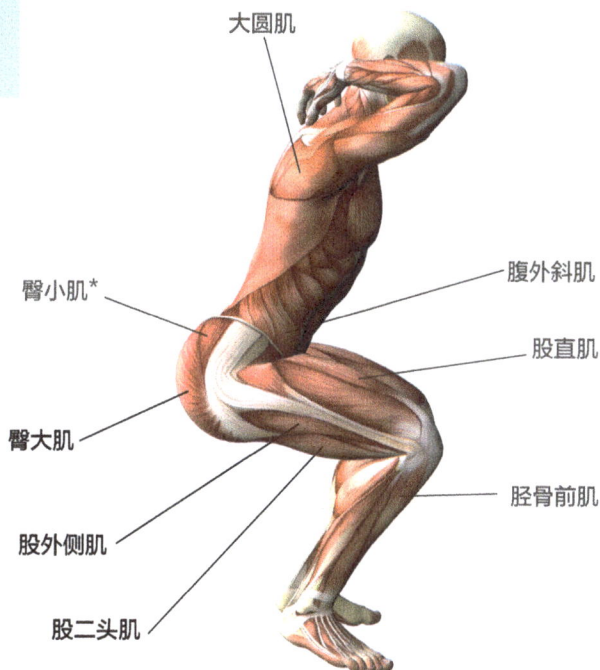

难度增大
双脚间距离减小会增大动作幅度。

大圆肌
臀小肌*
臀大肌
股外侧肌
股二头肌
腹外斜肌
股直肌
胫骨前肌

益处
- 有助于增强股四头肌的力量

有下列问题时不建议做此项练习
- 背部问题
- 髋关节剧烈疼痛

哑铃－后腿抬高弓步蹲

1. 后腿抬高放在训练椅上，双手握哑铃自然下垂在身体两侧。
2. 保持身体稳定屈髋屈膝下蹲。
3. 恢复至起始姿势，重复规定的次数。

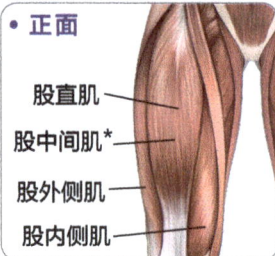

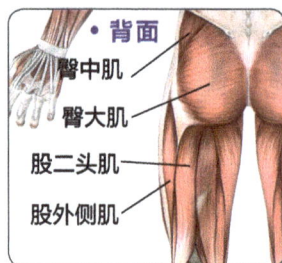

• **正面**

股直肌
股中间肌*
股外侧肌
股内侧肌

• **背面**

臀中肌
臀大肌
股二头肌
股外侧肌

为保持平衡，
身体微微前倾。

背部挺直，后脚脚尖放在训练椅上。

下蹲时背部依然挺直，
后腿膝关节接近地面。

慢慢将腿伸直，恢复至起始姿势。

聚焦游泳

1. 同双腿下蹲一样，单腿下蹲主要针对的是下肢的全部肌群。单腿下蹲的好处是它每次只使用一条腿，能够帮助纠正两腿之间存在的肌肉不平衡。针对下肢所有主要肌群的练习，能够促进踢腿动作的力量和耐力，并增强出发和转身时的力量。
2. 在练习中，后侧腿应该只用于保持平衡，当平衡感增强时，可以将训练椅换成瑞士球。向下呈下蹲姿势时，要额外注意膝关节的位置。

避免

1. 运动过程中出现低头、弓背。
2. 下蹲的幅度过大，膝部完全碰到地面。
3. 运动过程中身体晃动。

目标锻炼肌群

股直肌
股内侧肌
股中间肌
股外侧肌
股二头肌
臀大肌
臀中肌

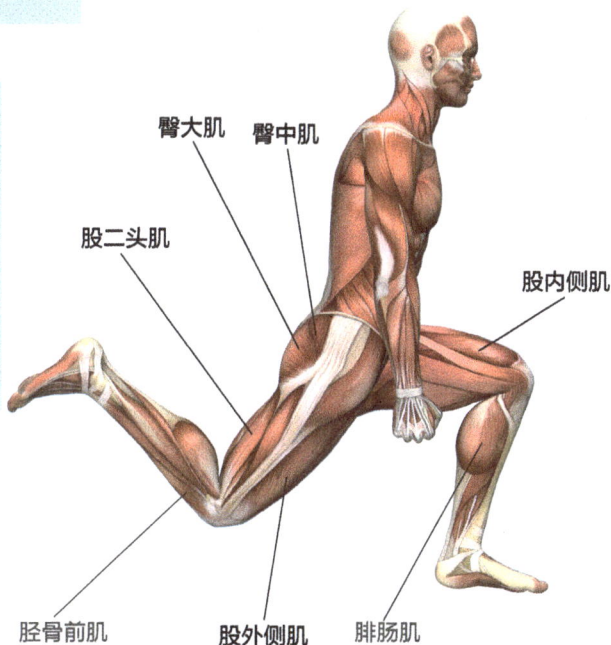

臀大肌　臀中肌
股二头肌
股内侧肌
胫骨前肌　股外侧肌　腓肠肌

益处
- 增强腿部、臀部及肩部肌肉的力量

有下列问题时不建议做此项练习
- 腿部问题
- 膝部问题

哑铃 - 上斜前弓步

1. 双手握哑铃，自然垂于身体两侧。基本站姿，身前放一个跳箱。
2. 单脚迈到跳箱上，呈上斜前弓步姿势。
3. 恢复至起始姿势，重复规定的次数。对侧亦然。

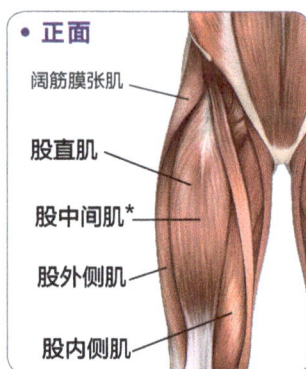

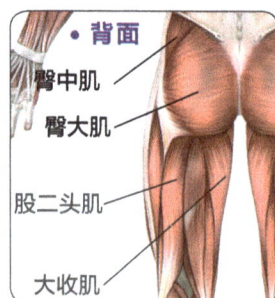

为保护下背部，躯干始终保持直立向上的姿势。

• **正面**

阔筋膜张肌

股直肌

股中间肌*

股外侧肌

股内侧肌

• **背面**

臀中肌

臀大肌

股二头肌

大收肌

从箱子的顶端下来时使用缓慢且有控制的动作。

本练习的难度可以通过调整箱子的高度来调节。

聚焦游泳

本练习是另外一个同时针对下肢所有主要肌群的很好的训练动作。所获得的力量可以帮助增强出发时的力量，从而增加出发时的距离。由于它使用的是单腿独立的动作，所以对出发以及转身动作有很大帮助。同时针对伸膝肌群的练习有助于增强踢腿时的力量及耐力。

避免

1. 运动过程中出现低头、弓背、躯干前倾的现象。
2. 下蹲幅度过大。
3. 前腿膝关节超过脚尖。
4. 运动过程中肩部上提，双臂晃动。

目标锻炼肌群

股直肌
股内侧肌
股中间肌
股外侧肌
臀大肌
臀中肌

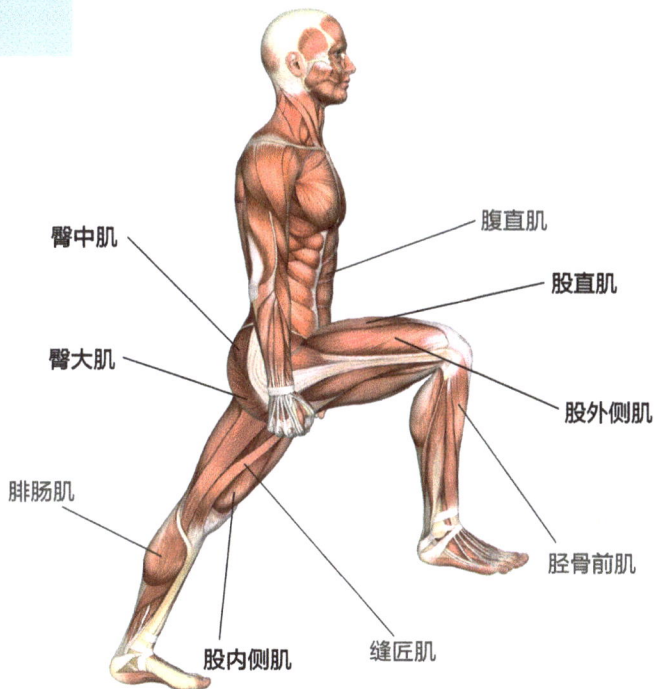

难度增大

当使用杠铃时，将它放置于斜方肌上，就像做杠铃下蹲一样，但是要注意与使用哑铃相比，配重片离身体重心更远。要做好平衡性发生改变的准备。

臀中肌　腹直肌　股直肌　臀大肌　股外侧肌　腓肠肌　胫骨前肌　股内侧肌　缝匠肌

益处
- 增强股四头肌和臀大肌的力量
- 提高髋关节稳定性

有下列问题时不建议做此项练习
- 腿部问题

弓步－对角线

1. 直立姿窄站位，背部挺直，腹部收紧，双手叉腰。
2. 身体向左转体约45度，左腿向左前方迈步呈弓步姿。
3. 左腿蹬伸站起，恢复至起始姿势。
4. 身体向右转体约45度，右腿向右前方迈步呈弓步姿。
5. 重复以上步骤，完成规定的次数。

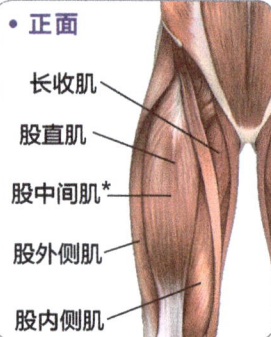

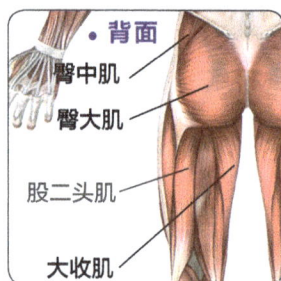

• **正面**

长收肌
股直肌
股中间肌*
股外侧肌
股内侧肌

• **背面**

臀中肌
臀大肌
股二头肌
大收肌

避免后腿膝关节触地。

左腿下蹲至大腿与地面平行。

身体稍微前倾，背部依然保持平直。

聚焦游泳

1. 本练习针对下肢所有的主要肌群，并且通过动态的方式扩展了一些平衡性训练的部分。进行本练习能够非常好地强化踢腿动作，同时对出发和转身非常有益处。
2. 起始姿势时，选择一个与眼睛水平的物体，在整个弓步过程中始终将注意力放在这个物体上。通过这种方法可以保持头部不动，进而始终保持脊柱中立位。

避免

1. 运动过程中出现低头、弓背、躯干向前倾的现象。
2. 下蹲幅度过大。
3. 前腿的膝关节超过脚尖。

目标锻炼肌群

长收肌
大收肌
缝匠肌
股直肌
股外侧肌
股中间肌
股内侧肌
腹直肌
臀大肌
臀中肌

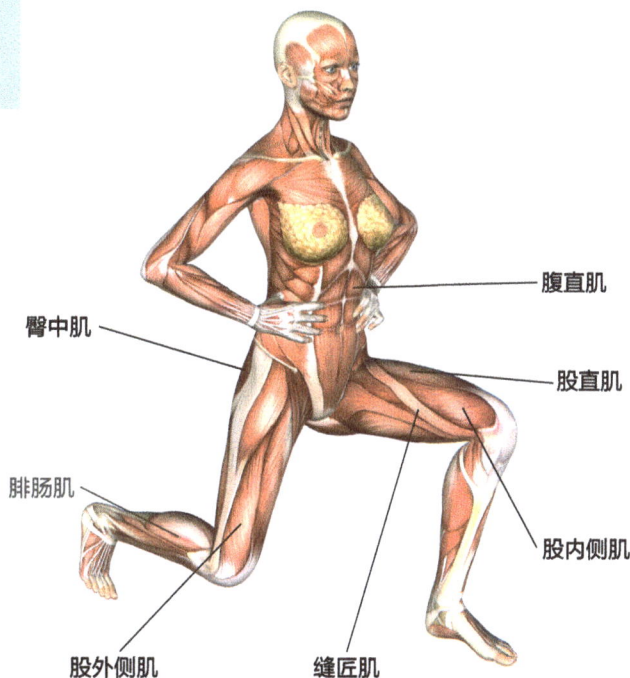

腹直肌
臀中肌
股直肌
腓肠肌
股内侧肌
股外侧肌
缝匠肌

益处

· 提高骨盆、躯干和膝关节稳定性

有下列问题时不建议做此项练习

· 膝关节疼痛
· 腿不能承受重压

125

臀肌大全 1 式

1. 侧卧姿，右腿伸直，左腿屈髋屈膝平行于地面，左脚位于右腿膝关节后侧，头枕在右臂上，右手置于头部后面，左手叉腰。
2. 维持身体稳定的同时，左髋外旋至最高点。
3. 恢复至起始姿势，重复规定的次数。对侧亦然。

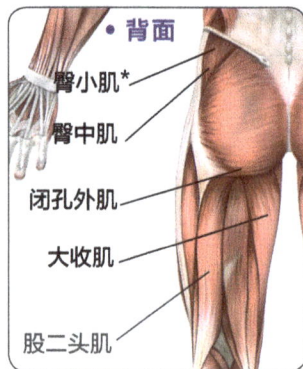

• 背面

臀小肌*

臀中肌

闭孔外肌

大收肌

股二头肌

颈部、肩部放松。

始终保持脊柱挺直，运动速度要缓慢且有控制。

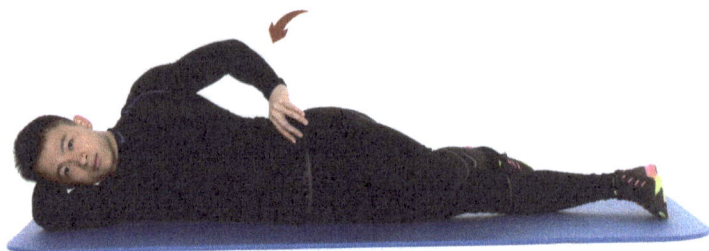

聚焦游泳

臀肌练习可以增强髋关节力量，同时对于大腿后侧肌群也有较好的辅助作用，是提升身体躯干后侧链稳定性的重要一环，对于各种泳姿中躯干下半部和下肢力量的发挥都有作用。

避免

髋部外展时身体离开地面。

目标锻炼肌群

臀中肌
臀小肌
阔筋膜张肌
闭孔外肌
大收肌

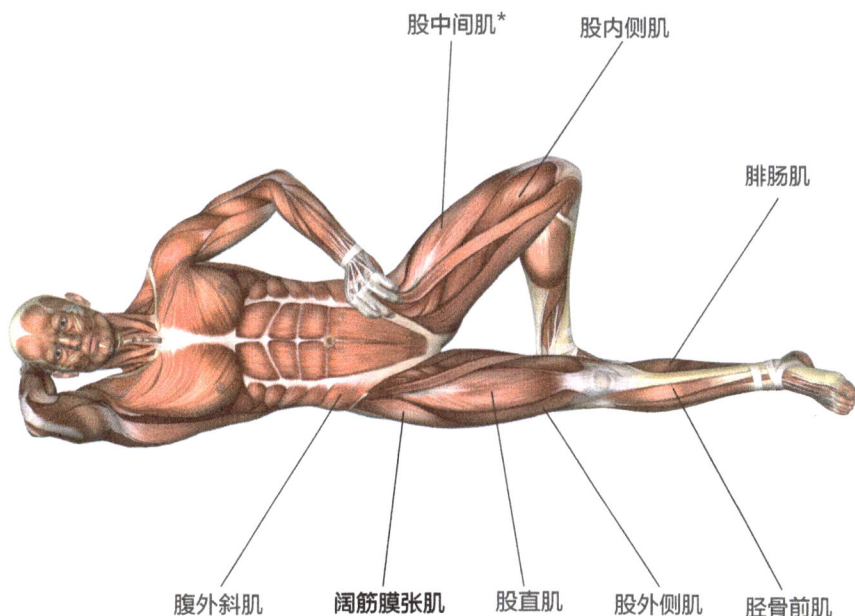

股中间肌*　　　股内侧肌

腓肠肌

腹外斜肌　　　**阔筋膜张肌**　　　股直肌　　　股外侧肌　　　胫骨前肌

益处
· 强化髋关节

有下列问题时不建议做此项练习
· 髋关节疼痛

跳箱 – 有反向跳 – 双脚落地

1. 双脚与肩同宽，直立姿站立，面向跳箱，双臂伸直举过头顶。
2. 双臂向下快速摆动至髋部两侧后快速向上摆起。
3. 带动身体快速伸髋伸膝，双脚蹬离地面。
4. 跳上跳箱，屈髋屈膝落地缓冲的同时双臂下摆至髋部两侧，呈双脚运动姿站立。慢慢走下跳箱，重复规定的次数。

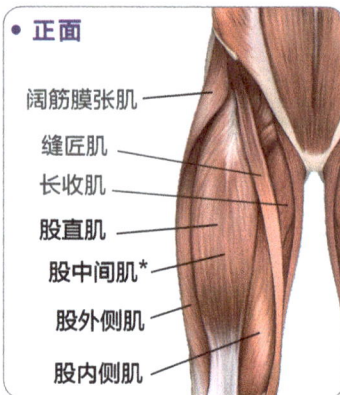

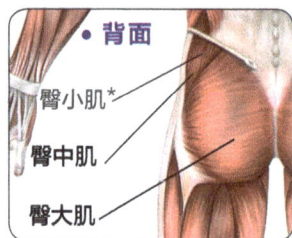

● **正面**

阔筋膜张肌
缝匠肌
长收肌
股直肌
股中间肌*
股外侧肌
股内侧肌

● **背面**

臀小肌*
臀中肌
臀大肌

向上跳起，屈膝缓冲。

聚焦游泳

1. 跳箱子是一个非常有用的练习，可以增强下肢的力量和爆发力，有助于提升跳起出发以及转身离墙的能力。跳箱子相比于普通的向高处跳有两个主要的好处：箱子的高度可以被看成一个有激励性的目标；在箱子上落地可以减少施加在下肢的压力。
2. 跳箱子同样可以作为学习如何使用手臂来提升跳跃高度的很好的训练动作，且可以转变为提高跳起离开跳台的距离的练习。可以在跳跃的开始阶段通过爆发性的摆动手臂，来增加跳跃的高度。

避免

1. 跳跃过程中出现弓背现象。
2. 运动结束后用力跳下跳箱。

目标锻炼肌群

股直肌
股内侧肌
股中间肌
股外侧肌
臀大肌
臀中肌
腓肠肌

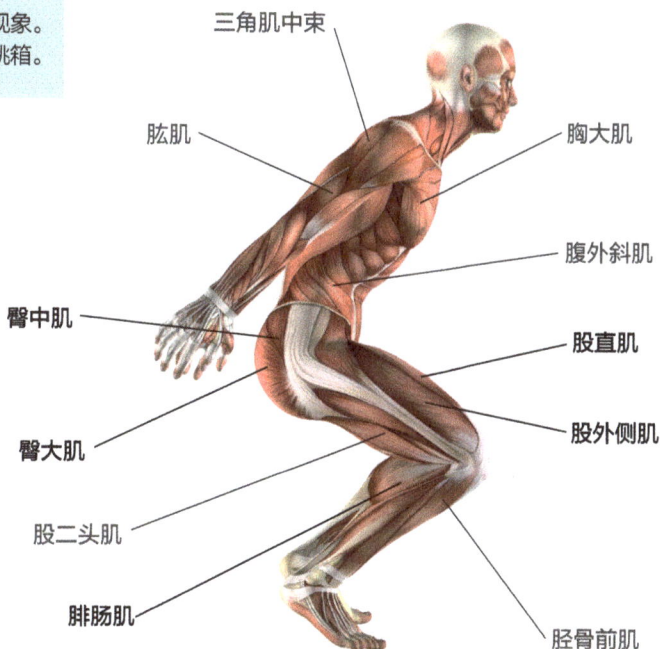

三角肌中束

肱肌

胸大肌

腹外斜肌

臀中肌

股直肌

臀大肌

股外侧肌

股二头肌

腓肠肌

胫骨前肌

益处

- 帮助热身，增强肌肉力量和耐力
- 强化腿部和核心肌群

有下列问题时不建议做此项练习

- 膝关节疼痛
- 脚踝有伤

哑铃－站姿－基本硬拉

1. 基本站姿，双脚与肩同宽，双手正握两个哑铃垂于身前。保持背部挺直，屈髋屈膝下蹲，直至哑铃碰到地面。
2. 臀部发力伸髋，至身体直立。
3. 恢复至起始姿势，重复规定的次数。

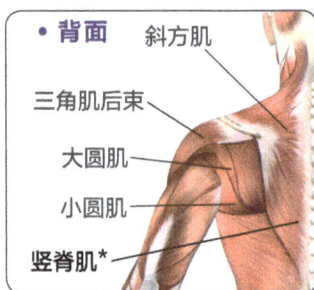

• **背面**　斜方肌
三角肌后束
大圆肌
小圆肌
竖脊肌*

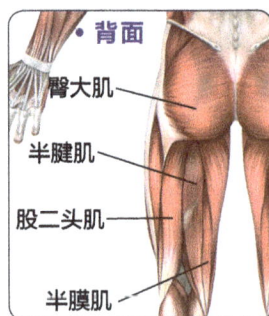

• **背面**
臀大肌
半腱肌
股二头肌
半膜肌

运动速度可以稍微快些，但依然要保持有控制的节奏。

俯身下蹲时，双臂垂直于地面，握哑铃并接触地面。

下蹲至大腿与地面平行即可。

始终保持背部挺直。

通过髋部及腿部力量将身体向上推。

视角转换

聚焦游泳

本练习是主要针对臀大肌和腘绳肌的训练动作，这些肌肉主要在出发以及每个转身离墙之后进入流线型姿势中对伸展髋关节起到重要作用。臀大肌和腘绳肌在蛙泳踢腿的推动部分，对伸展髋关节也有非常重要的作用。

避免

1. 下背部过于紧张。
2. 下蹲时弓背。
3. 下蹲时颈部拉紧。

目标锻炼肌群

股二头肌
半腱肌
半膜肌
竖脊肌
臀中肌
臀大肌

难度增大
双脚之间的距离缩减，以增大必需的动作幅度。

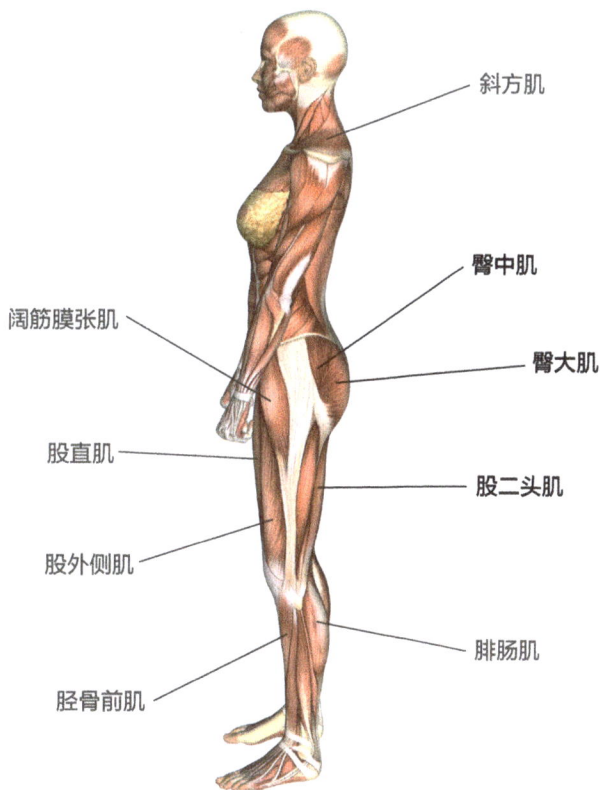

斜方肌

臀中肌

臀大肌

阔筋膜张肌

股二头肌

股直肌

股外侧肌

腓肠肌

胫骨前肌

益处
- 增强躯干和下肢力量

有下列问题时不建议做此项练习
- 膝关节疼痛
- 髋部问题
- 下背部问题

瑞士球 – 仰卧 – 勾腿

1. 仰卧在瑜伽垫上，双手放于身体两侧，脚跟放于瑞士球上。

2. 将双腿伸直，勾起双脚，臀部收缩，髋部抬起，使肩部、躯干、大腿呈一条直线。

3. 双腿屈膝，用脚跟将瑞士球拉向臀部，直至屈膝约呈90度。恢复至起始姿势，重复规定的次数。

• 背面

斜方肌
三角肌后束
小圆肌
大圆肌
竖脊肌*

放在瑞士球上的双腿与地面约呈 45 度。

• 背面

臀大肌
半腱肌
股二头肌
半膜肌

弯曲双腿时动作要平滑顺畅，维持好对球的控制。

利用腹部完成动作，同时收紧臀部。

背部尽可能挺直。

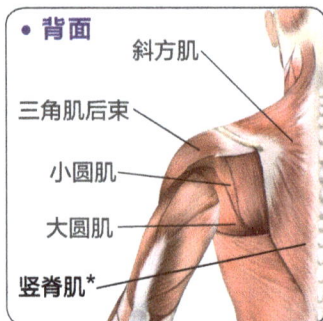

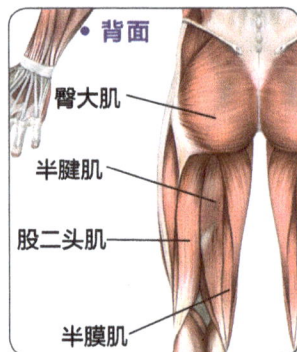

双臂始终固定在地面上。

聚焦游泳

1. 本练习能够显著增强蛙泳游泳者腘绳肌的力量。本练习之所以有用是因为它针对的是腘绳肌、臀大肌和竖脊肌，这些都对保持严格的流线型姿势非常有帮助。那些无法去正规健身房进行练习的人可以利用本练习有针对性地对腘绳肌进行训练，因为它所需要的唯一的设备就是一个瑞士球。
2. 在进行本练习前，必须先要掌握前文中所描述的瑞士球直腿挺髋的练习。如果没能保持核心稳定肌群的收缩，会导致髋关节向下掉落，从而导致练习的有效性降低。

避免

1. 过于匆忙地完成动作。
2. 双腿弯曲时腰背下塌。

难度增大

起始姿势同本练习一样，收臀抬髋，将身体撑起后将一条腿抬起并伸直，另一条腿做屈膝动作。

目标锻炼肌群

股二头肌
半腱肌
半膜肌
臀大肌
竖脊肌

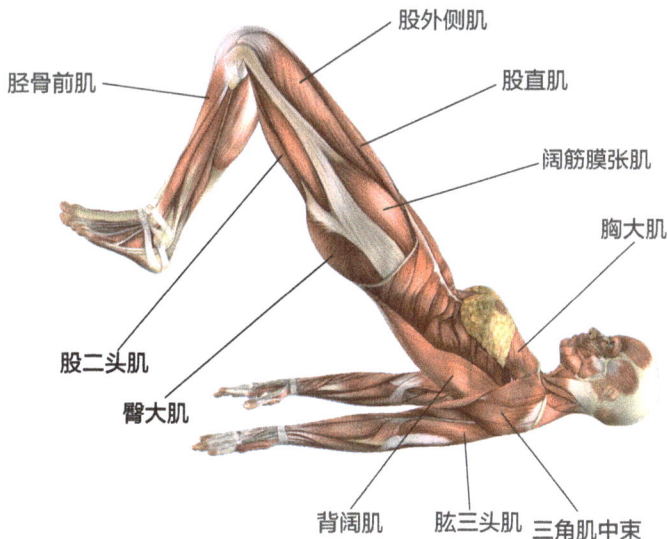

股外侧肌
胫骨前肌
股直肌
阔筋膜张肌
胸大肌
股二头肌
臀大肌
背阔肌
肱三头肌
三角肌中束

益处

- 有效激活臀肌
- 有效预防大腿后侧肌群损伤

有下列问题时不建议做此项练习

- 膝关节疼痛
- 髋部问题
- 下背部问题

哑铃 – 单腿罗马尼亚硬拉

1. 双手各握一个哑铃自然垂于身体两侧，右腿向后抬起，左膝微屈。
2. 右腿保持悬空，屈髋向下俯身，直到身体与地面平行，或者支撑腿大腿后侧肌肉完全被拉紧。
3. 伸髋，做硬拉动作，恢复至起始姿势，重复规定的次数。对侧亦然。

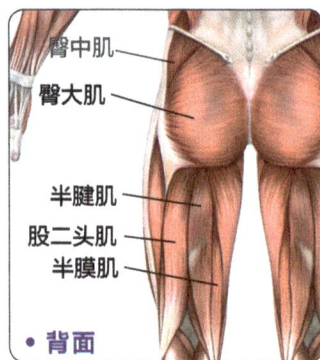

臀中肌
臀大肌
半腱肌
股二头肌
半膜肌

• 背面

利用臀大肌帮助完成动作。

视角 转换

聚焦游泳

1. 虽然腘绳肌对四种泳姿中的踢腿阶段都有作用，但是它对于蛙泳的恢复阶段脚跟向臀部带动的动作尤其重要。
2. 游泳者倾向于使用股四头肌作为主导，结果会导致股四头肌和腘绳肌之间力量的不平衡，为了避免这种不平衡的发生，游泳者需要在练习中将腘绳肌分开独立进行训练。

避免

1. 弓背，或悬空腿无法与身体保持平直。
2. 悬空腿晃动，髋部有明显旋转。

目标锻炼肌群

臀大肌
股二头肌
半腱肌
半膜肌

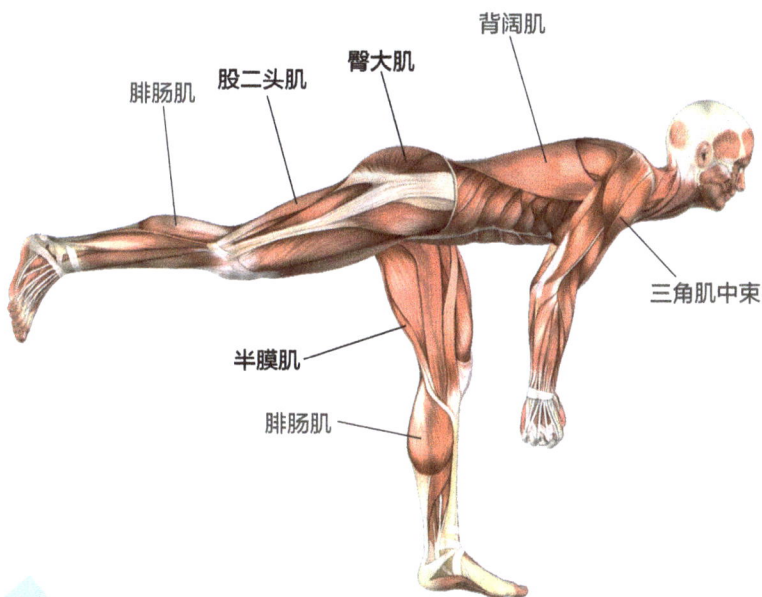

腓肠肌　股二头肌　臀大肌　背阔肌

三角肌中束

半膜肌

腓肠肌

益处

- 提高躯干稳定性和协调性
- 增强核心肌群、下肢肌群的力量

有下列问题时不建议做此项练习

- 膝关节疼痛或损伤

迷你带 – 基本姿 – 侧向走

1. 基本运动姿，上身保持前倾且背部挺直，双膝稍微弯曲，将迷你带套在踝关节处，保持迷你带张力。
2. 右腿不动，左腿侧向跨出稍大的一步，双臂可以为保持身体协调性缓慢摆动。
3. 当左腿落地之后，再移动右腿。重复前面的步骤，完成规定的次数。

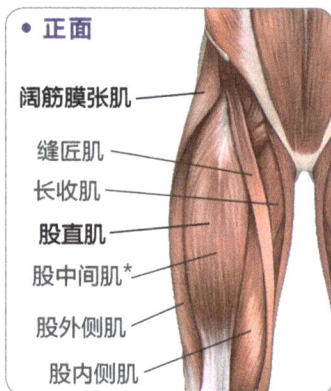

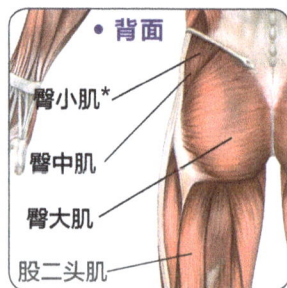

• 正面

阔筋膜张肌
缝匠肌
长收肌
股直肌
股中间肌*
股外侧肌
股内侧肌

腿部移动时，大腿和髋部肌肉收紧。

• 背面

臀小肌*
臀中肌
臀大肌
股二头肌

视角转换

聚焦游泳

1. 阔筋膜张肌和臀中肌是两个非常重要的骨盆稳定肌。它们在四种泳姿的踢腿动作中也起到一定作用，但关于这些肌肉的训练通常在陆上训练中被忽视。
2. 本练习应该在一年中多次周期性地加入陆上训练计划，以确保这些肌肉不被忽视。蛙泳运动员更加依赖于强壮和稳定的臀部，所以应该更多地进行本练习。动作中对于股直肌和臀大肌的锻炼可以通过增加膝关节弯曲程度来增强。

避免

躯干朝一侧倾斜。

目标锻炼肌群

臀小肌
阔筋膜张肌
臀大肌
臀中肌
股直肌

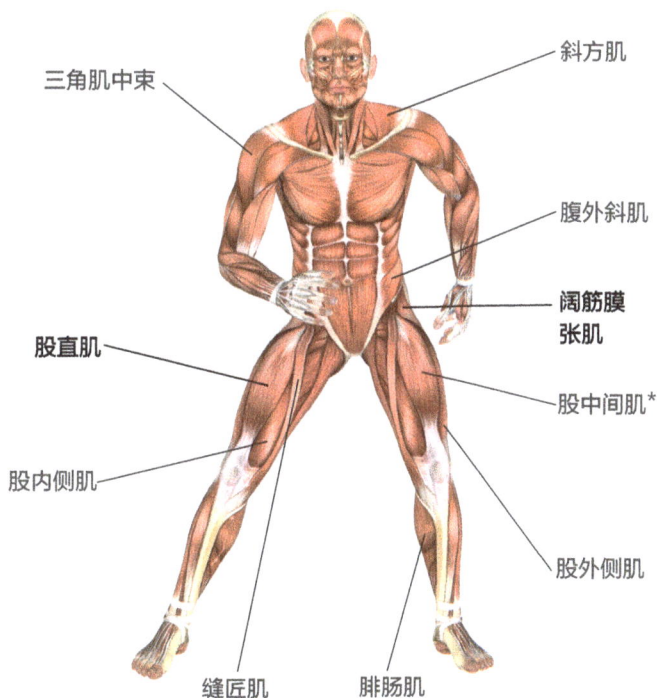

三角肌中束
斜方肌
腹外斜肌
阔筋膜张肌
股直肌
股中间肌*
股内侧肌
股外侧肌
缝匠肌
腓肠肌

益处

- 有效激活臀肌
- 有效预防下肢损伤

有下列问题时不建议做此项练习

- 急性髋关节疼痛

弹力带 – 站姿 – 单侧髋内收

1. 站姿，弹力带一端固定在同侧与脚踝高度相同的物体上，另一端固定在同侧的踝关节外，保持弹力带有一定的张力。
2. 弹力带侧腿向内收。
3. 恢复至起始姿势，重复规定的次数。对侧亦然。

背部挺直，肩部
向后、向下压。

骨盆微微前倾。

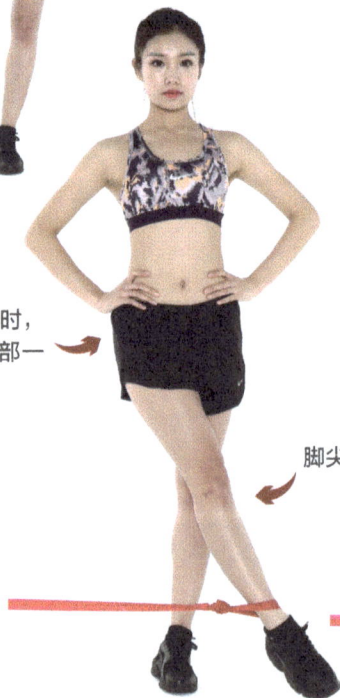

腿部移动时，
大腿和臀部一
侧绷紧。

脚尖朝前。

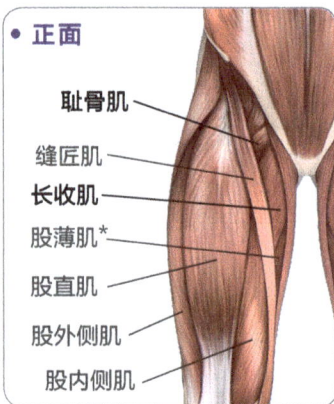

● 正面

耻骨肌
缝匠肌
长收肌
股薄肌*
股直肌
股外侧肌
股内侧肌

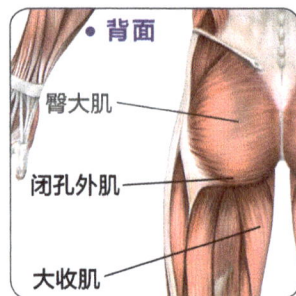

● 背面

臀大肌
闭孔外肌
大收肌

聚焦游泳

直接针对内收肌群进行练习可以帮助蛙泳运动员增强踢腿的力量和耐力。当进行本练习时，收紧核心，控制上半身处于直立向上的位置，可以帮助分离内收肌群。若训练者膝关节有伤病或者曾有膝关节疼痛史，就需要将弹力带固定在膝关节上方。

避免

1. 脚向外侧或内侧移动时与地面接触。
2. 躯干向身体一侧倾斜。

目标锻炼肌群

长收肌
大收肌
耻骨肌
闭孔外肌

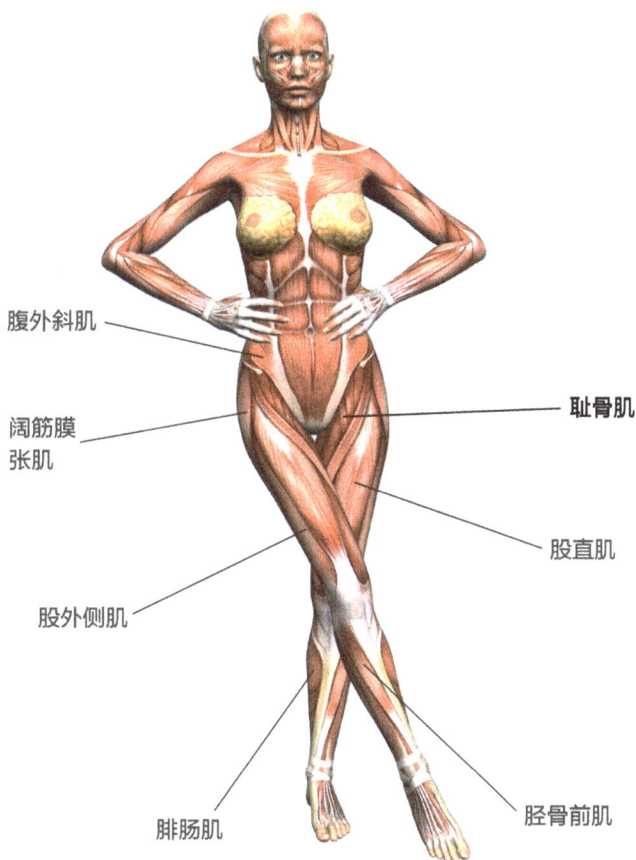

腹外斜肌

阔筋膜张肌

股外侧肌

腓肠肌

耻骨肌

股直肌

胫骨前肌

益处

- 强化髋关节
- 增强内收肌群的力量

有下列问题时不建议做此项练习

- 身体平衡问题

坐姿屈膝足背屈

1. 坐姿，小腿悬垂，膝关节屈曲。弹力带中段固定在单侧脚前掌处，两端固定在踝关节下方的物体上。
2. 单侧足背屈，做勾脚尖动作。
3. 恢复至起始姿势，重复规定的次数。对侧亦然。

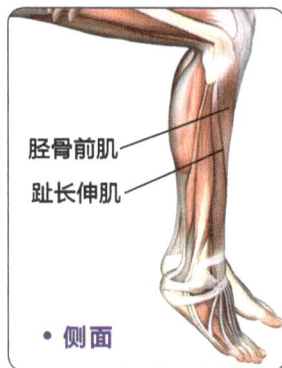

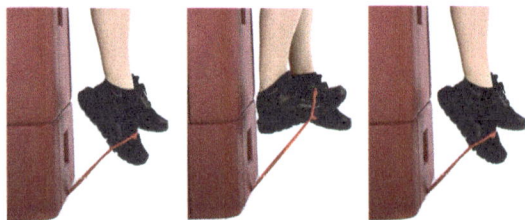

胫骨前肌

趾长伸肌

• 侧面

上半身始终保持挺胸、背部挺直的状态。

脚尖上提，同时小腿肌肉绷紧发力。

聚焦游泳

足背屈主要锻炼小腿前部肌肉，可以让游泳者在水中打水时更加有力，同时也可预防踝关节损伤。

避免

1. 运动过程中上身晃动或移动。
2. 过于匆忙完成动作。

目标锻炼肌群

胫骨前肌
趾长伸肌
踇长伸肌

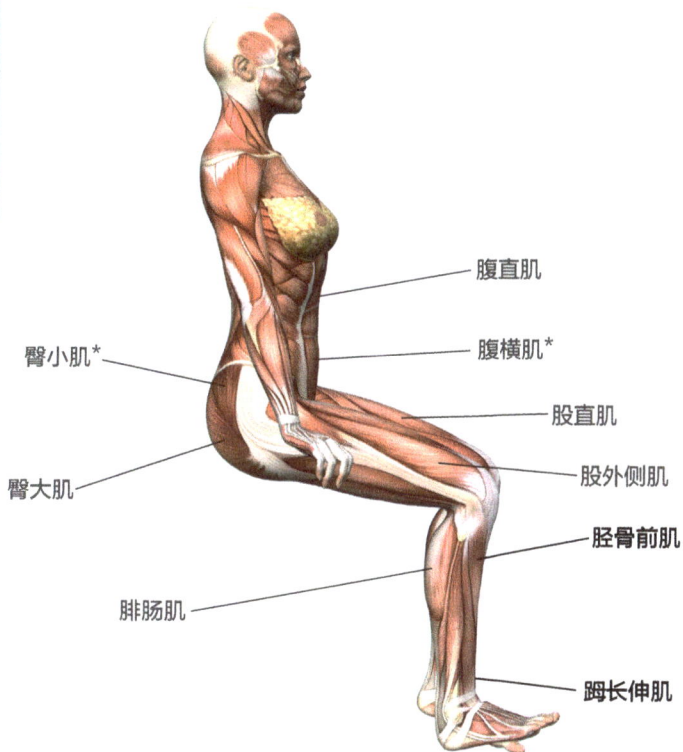

腹直肌

臀小肌*

腹横肌*

股直肌

臀大肌

股外侧肌

胫骨前肌

腓肠肌

踇长伸肌

益处

- 增强小腿力量
- 预防踝关节损伤

有下列问题时不建议做此项练习

- 腿部问题
- 脚踝疼痛

第 8 章

全身训练

弹力带－分腿姿－单臂屈臂伸

1. 分腿站立，一脚踩弹力带的中段，两端分别缠绕握在左右手上，左肘弯曲，右臂伸展，右手放在左膝上。同时固定住弹力带的一端。
2. 伸展左肘，做屈臂伸练习。
3. 恢复至起始姿势，重复规定的次数。

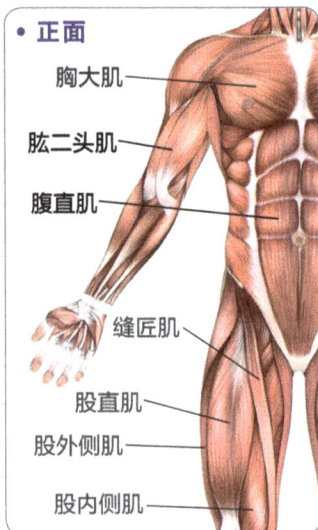

• 正面

胸大肌

肱二头肌

腹直肌

缝匠肌

股直肌

股外侧肌

股内侧肌

起始姿势时左手紧贴身侧。

膝关节前弓的程度不超过脚尖。

手臂向后拉至完全伸直。

右腿尽力后伸，前脚掌支撑地面。

视角 转换

聚焦游泳

本练习可以增强在自由泳和仰泳中上肢和腿的连接的力量。在动作的末尾部分强调肩关节的收紧，有助于强化自由泳恢复阶段的起始部分的动作。在练习的开始就稳定核心肌群至关重要，从而强化核心稳定性。

避免

1. 伸展手臂时耸肩。
2. 肘关节过伸。
3. 运动过程中出现弓背、身体前后晃动的现象。

目标锻炼肌群

肱三头肌
斜方肌
肱二头肌
肱肌
背阔肌
腹直肌
腹外斜肌
腹内斜肌

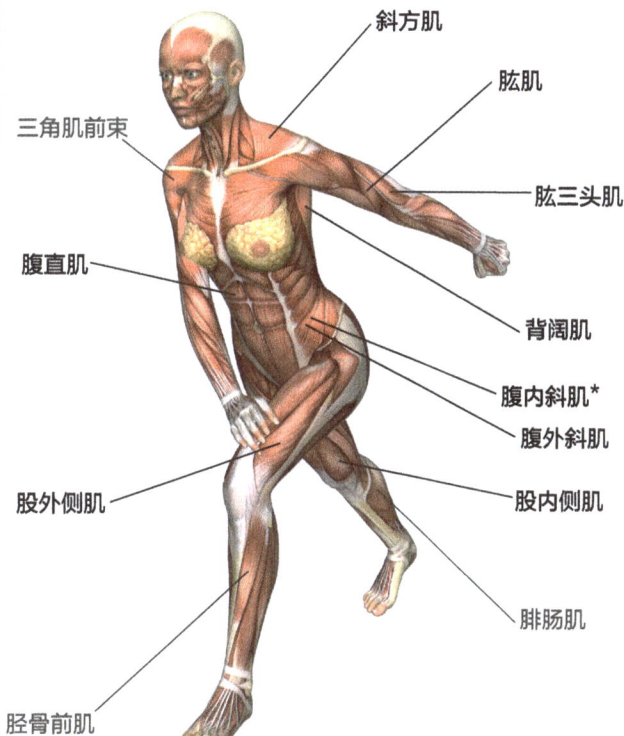

斜方肌

肱肌

三角肌前束

肱三头肌

腹直肌

背阔肌

腹内斜肌*
腹外斜肌

股外侧肌

股内侧肌

腓肠肌

胫骨前肌

益处

- 加强核心肌群
- 增强手臂屈伸力量

有下列问题时不建议做此项练习

- 肩部问题
- 肘部疼痛
- 膝部疼痛

波比跳

1. 直立姿，双脚并拢站立，双臂自然垂于身体两侧，面朝前方。
2. 屈髋屈膝下蹲，双脚与双手支撑于地面，呈俯卧撑姿势。
3. 屈肘下降。
4. 完成一次俯卧撑后撑起。
5. 双腿略微跳起并向前屈髋屈膝，呈俯身姿势。
6. 双脚蹬地跳起，同时双手向上摆动击掌。
7. 恢复至起始姿势，重复以上步骤，完成规定的次数。

• **正面**

阔筋膜张肌
缝匠肌
长收肌
股直肌
股中间肌*
股外侧肌
股内侧肌

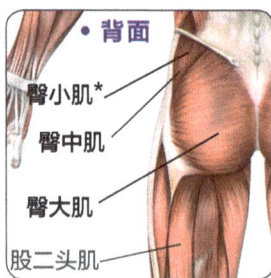

• **背面**

臀小肌*
臀中肌
臀大肌
股二头肌

双腿略微跳起并向后伸直，臀部收紧。

支撑地面的双手与肩同宽。

聚焦游泳

1. 这个非常好的陆上训练可以很容易地加入到训练计划中，因为它不需要任何器械。本练习最主要的关注点是，从俯卧撑的姿势转换为流线型的姿势。当把脚收回到髋部下方时要快速，以此来增加在蝶泳和蛙泳中转身中的速度。

2. 同普通的俯卧撑一样，保持身体正确的姿势非常重要，需要从踝关节到髋部再到头都保持在一条直线上。向上或向下弯曲下背部都是技术上的错误，可能会导致脊柱过度的压力。为了保护身体特别是膝关节不经受过大的压力，需要从跳起到着地时，膝关节轻微地弯曲来缓冲。

避免

1. 落地时太用力。
2. 为了保持快速运动而忽略了动作姿势。
3. 做俯卧撑动作时腰臀下陷。

目标锻炼肌群

肱三头肌
胸大肌
臀大肌
臀小肌
臀中肌
股中间肌
股外侧肌
股内侧肌
股直肌
肱二头肌

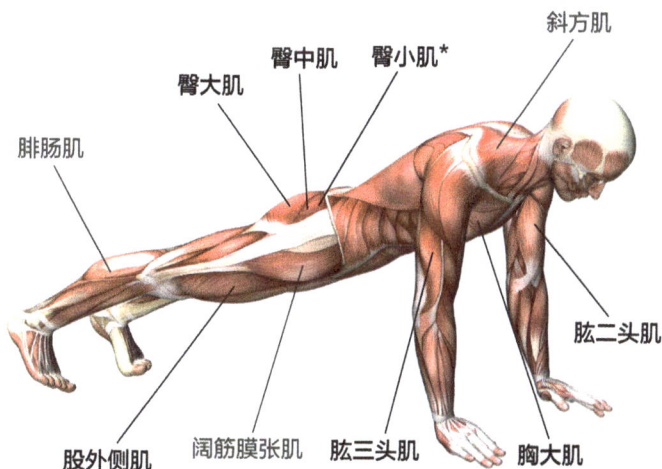

斜方肌
臀中肌
臀小肌*
臀大肌
腓肠肌
肱二头肌
股外侧肌
阔筋膜张肌
肱三头肌
胸大肌

益处

- 帮助热身，增强肌肉力量和耐力
- 强化手臂、胸部和下肢肌群

有下列问题时不建议做此项练习

- 膝部疼痛

TRX- 反向平板

仰卧在瑜伽垫上，悬吊绳固定在脚踝处，双手支撑在地上。向上顶髋，呈反向平板姿势，保持规定的时间。

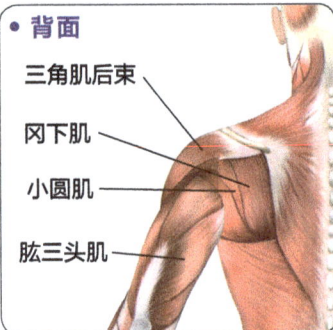

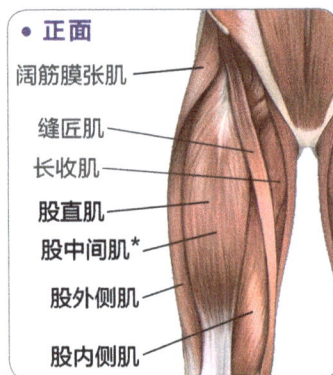

- **背面**

  三角肌后束

  冈下肌

  小圆肌

  肱三头肌

- **正面**

  阔筋膜张肌

  缝匠肌

  长收肌

  股直肌

  股中间肌*

  股外侧肌

  股内侧肌

颈部稍微上抬。将呼吸调整平稳，有助于背部轻松伸展。

向上提髋，保持身体在一条直线上。

聚焦游泳

本练习需要身体后链所有肌群的发力，才能维持平行地面的水平姿势，有助于游泳者在水中保持良好的身体稳定姿态，减少游动时与水的阻力，从而提升整体的游泳前进效率。

避免

1. 臀部下落。
2. 手臂过度扭转。

目标锻炼肌群

胸大肌	股外侧肌
三角肌前束	股中间肌
冈下肌	股直肌
小圆肌	股二头肌
肱三头肌	三角肌后束
臀大肌	三角肌前束
股内侧肌	

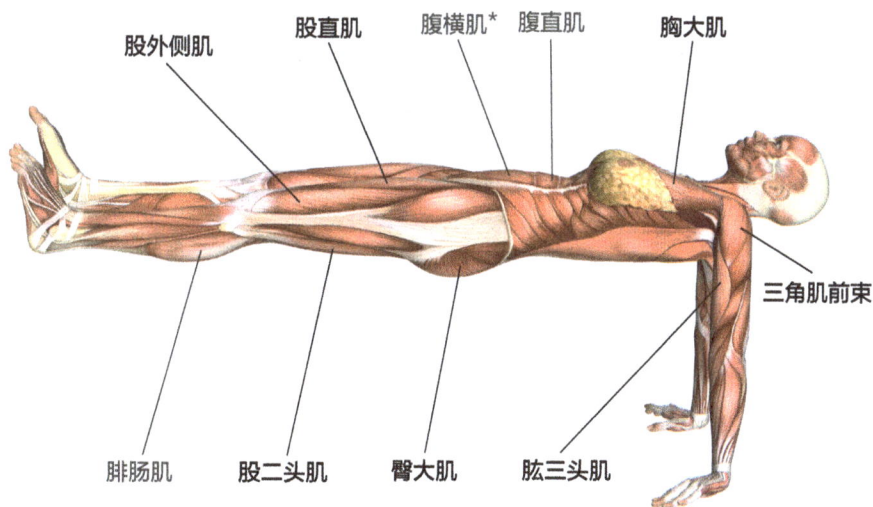

股外侧肌　　股直肌　　腹横肌*　腹直肌　　胸大肌

三角肌前束

腓肠肌　　股二头肌　　臀大肌　　肱三头肌

益处

- 强化身体核心肌群，特别是躯干后链的肌肉耐力和稳定性

有下列问题时不建议做此项练习

- 手臂手腕伤病

壶铃 – 前蹲挺举

1. 双手各握一个壶铃呈架式放在肩关节前部。基本站姿，双脚分开略宽于肩部。
2. 后移髋部，屈膝，快速做深蹲姿。
3. 向上起身，双臂同时上举过头顶，稍微停顿片刻。恢复至起始姿势，重复规定的次数。

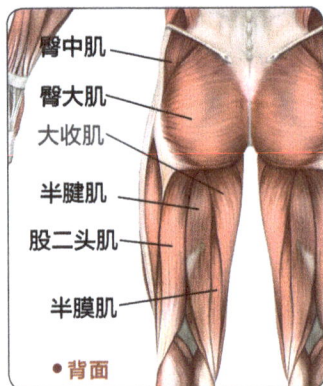

臀中肌
臀大肌
大收肌
半腱肌
股二头肌
半膜肌

● 背面

稳定壶铃，不要晃动。

视角 转换

聚焦游泳

这是一个涉及全身向上动力链的多关节动作，有利于提高力量等在躯干的传递效率。

避免

1. 不具有良好的深蹲技术。
2. 壶铃重量过大。

目标锻炼肌群

臀大肌
臀中肌
股外侧肌
股内侧肌
股直肌
股中间肌
半腱肌
半膜肌
股二头肌
斜方肌
三角肌中束
三角肌前束

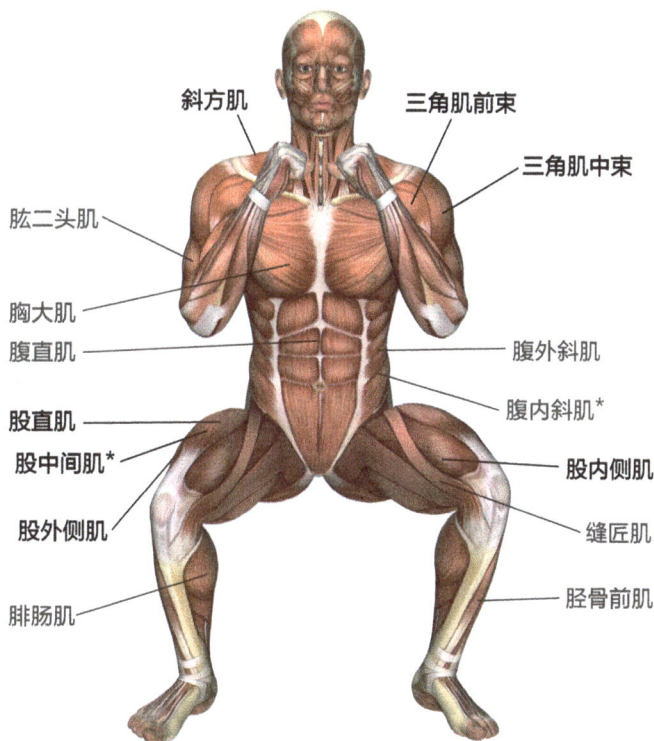

斜方肌
三角肌前束
三角肌中束
肱二头肌
胸大肌
腹直肌
腹外斜肌
腹内斜肌*
股直肌
股中间肌*
股内侧肌
缝匠肌
股外侧肌
胫骨前肌
腓肠肌

益处

- 增强手臂、肩部以及核心肌群的力量
- 增加核心肌群的能量传递效率

有下列问题时不建议做此项练习

- 腰背部受伤
- 膝部疼痛
- 手背、手腕伤病

壶铃－土耳其起立

1. 仰卧在瑜伽垫上，右手握壶铃柄举在肩部正上方。同侧膝关节弯曲。
2. 左手按地面支撑起上半身，慢慢伸直左臂，使其与举起壶铃的右臂保持在一条线上。
3. 顶髋将臀部与大腿抬离地面。左腿向外斜且伸直。然后，左腿后撤收回，左膝弯曲跪地支撑。
4. 上半身直立，呈左腿单膝跪地姿势。
5. 变成直立站姿，完成土耳其起立练习。倒序完成上述动作，恢复至起始姿势。重复规定的次数。对侧亦然。

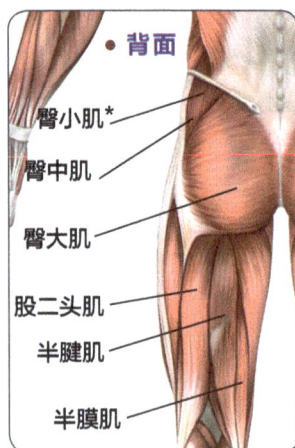

• **背面**

臀小肌*
臀中肌
臀大肌
股二头肌
半腱肌
半膜肌

背部挺直，抬头挺胸，目光跟着手中的壶铃移动。

运动过程中核心肌群始终处于收紧状态。

聚焦游泳

土耳其起立是一个可以让游泳者非常受益的全身性练习动作。其作用和好处有很多，可以锻炼手臂的耐力，提升整个核心力量和全身肌肉的协同作用。本练习可加强身体在单侧支撑下的平行稳定性，以及提升训练者的专注度。这些动作模式的训练都可以转换到游泳动作中，提升躯干的稳定性和四肢的配合度，减少水中阻力，整体提高游泳的前进效率。

避免

1. 完成动作的速度过于匆忙。
2. 运动过程中出现弓背的现象。

目标锻炼肌群

三角肌前束	臀小肌
三角肌中束	臀中肌
三角肌后束	臀大肌
（因角度问	股内侧肌
题肌肉图中	股外侧肌
未标注）	股直肌
腹直肌	半腱肌
腹内斜肌	股二头肌
腹外斜肌	半膜肌
腹横肌	

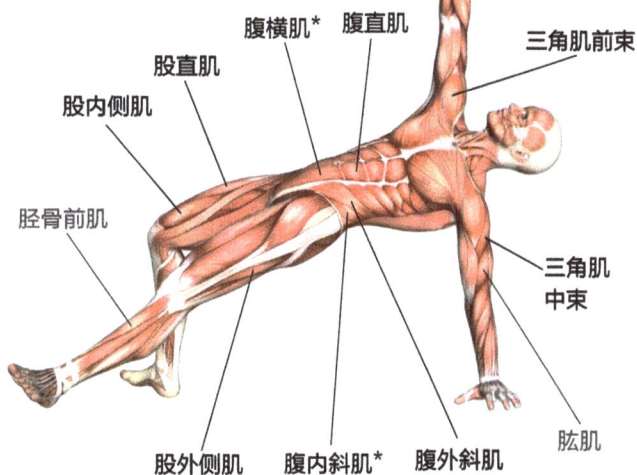

腹横肌*　腹直肌　三角肌前束　股直肌　股内侧肌　胫骨前肌　三角肌中束　股外侧肌　腹内斜肌*　腹外斜肌　肱肌

益处

- 提高髋部的稳定性且有助于保持整个身体的平衡
- 增加动作模式的效率和稳定性
- 增强身体的整体协调性

有下列问题时不建议做此项练习

- 腕部疼痛
- 肩部疼痛
- 膝部后方不适

弹力带 – 分腿蹲 – 臂弯举

1. 分腿站姿，弹力带两端握在手中，中段固定在右脚脚下。
2. 下蹲的同时双臂弯举。
3. 恢复至起始姿势，重复规定的次数。对侧亦然。

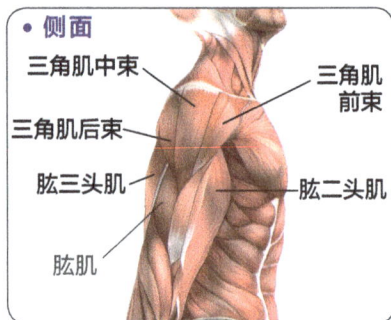

● **侧面**

三角肌中束

三角肌后束

肱三头肌

肱肌

三角肌前束

肱二头肌

● **正面**

阔筋膜张肌

缝匠肌

长收肌

股直肌

股中间肌*

股外侧肌

股内侧肌

背部挺直。

右膝弯曲程度不超过脚尖。

屈髋屈膝下蹲。

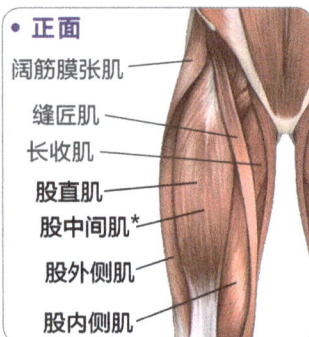

聚焦游泳

本练习是一个上下肢结合的全身性练习，同时也是下肢的一个单链练习，可有效提升上下肢的肌肉力量，同时加强核心肌群的稳定性，有助于强化游泳者在水中上下肢同步发力。同时本练习还可以增强躯干的能量传递效率，从而提升游泳时对水的推进效率。

避免

1. 运动过程中出现背部弯曲、耸肩的现象。
2. 下蹲时身体前倾。
3. 前腿膝关节超过脚尖。

目标锻炼肌群

肱二头肌
肱三头肌
股直肌
股内侧肌
股外侧肌
股中间肌
臀大肌
臀中肌
三角肌后束

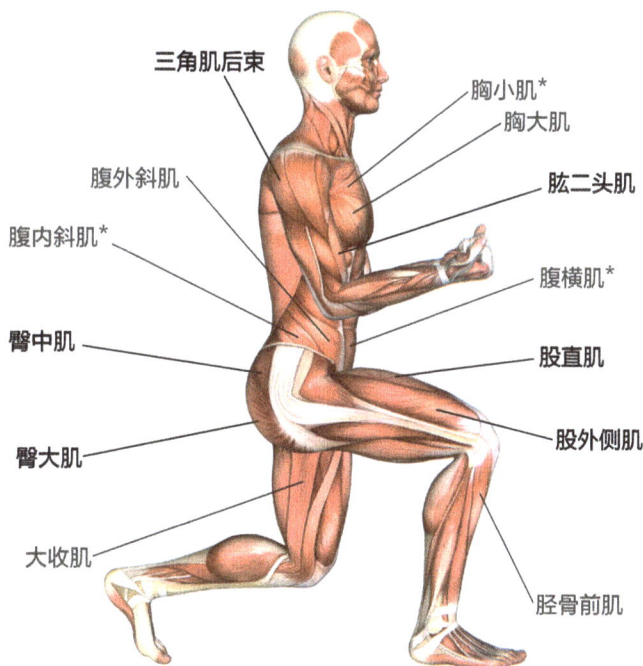

三角肌后束
胸小肌*
胸大肌
腹外斜肌
肱二头肌
腹内斜肌*
腹横肌*
臀中肌
股直肌
臀大肌
股外侧肌
大收肌
胫骨前肌

益处

- 增强上下肢的肌肉力量
- 提高核心肌群的稳定性

有下列问题时不建议做此项练习

- 膝部疼痛
- 脚踝伤病

作者简介

　　周超彦，博士，副研究员，英国利兹大学访问学者；浙江体育职业技术学院科研处副处长、体育科学研究中心主任。2011年至2016年加入备战伦敦和里约奥运会浙江夺金运动员科医保障与攻关团队，结合备战奥运会夺金科医保障与攻关的特定任务，围绕重点运动员孙杨、叶诗文、徐嘉余、傅园慧和汪顺等开展多学科研究与攻关服务；作为骨干科研人员，于2011年在国内竞技体育领域首次引进全身超低温冷疗技术，并在国家体育总局水上运动科学重点实验室建成国内首个全身超低温冷疗康复中心。主持省部级课题3项，作为骨干成员参与国家级课题3项。2012年获浙江省体育局"伦敦奥运会先进个人"称号，2013年荣立浙江省人民政府二等功。

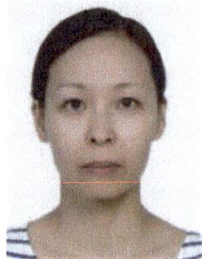

　　韩照岐，主任医师，浙江体育职业技术学院科研处处长，中国游泳协会科研委员会委员，中国健康促进基金会骨病专项基金运动损伤康复工作委员会委员，中国营养学会注册营养师，浙江省"十三五"重大科技研发攻关和成果转化应用咨询专家。从事运动医学工作30余年，擅长游泳专项训练伤病防治和科研攻关，曾担任国家体育总局备战奥运会专家组成员，国家游泳队首席医务官。主持国家级科研项目1项，作为主要成员参与国家级科研项目3项，主持省部级课题5项；发表学术论文10余篇；出版本专业学术编著1部，译著1部。参与的《我国优秀游泳运动员奥运争金综合攻关研究》获国家体育总局科研成果二等奖，2003年被中共浙江省委、浙江省人民政府授予"抗击非典先进个人"称号，2005年被评为"全国体育科学先进工作者"，2012年获浙江省体育局"伦敦奥运会突出贡献"奖，分别于2013年、2016年、2017年3次荣立浙江省人民政府二等功。

　　陈慧佳，蛙泳名将，游泳世界锦标赛冠军，曾打破亚洲纪录和世界纪录；上海交通大学硕士。现任浙江省游泳队教练，国家游泳队助理教练。从事专业游泳训练13年，专项游泳教学5年。运动员期间曾取得：2005年世界青年游泳锦标赛100米蛙泳冠军；2007年至2010年蝉联全国游泳冠军赛和锦标赛50米、100米蛙泳冠军；2009年亚洲游泳锦标赛50米、100米蛙泳冠军；2009年第五届东亚运动会50米（并打破亚洲纪录）、100米蛙泳冠军；2009年第十一届全国运动会100米蛙泳亚军；2009年第十三届世界游泳锦标赛4×100米混合泳接力冠军，并打破世界纪录；2010年广州亚洲运动会100米蛙泳亚军，4×100米混合泳接力冠军；2011年世界大学生运动会4×100米混合泳接力冠军。曾获2009年体育运动荣誉奖章，2009年CCTV体坛风云人物最佳组合提名，2009年浙江省十佳运动员、三八红旗手称号。退役后至今担任国家游泳队徐国义组助理教练，曾带领徐嘉余、叶诗文等运动员在世界锦标赛中取得优异成绩。